SOLIDÃO

A ausência do outro

SOLIDÃO

A ausência do outro

Valdemar Augusto Angerami

Artesã

Solidão. A ausência do outro
5ª edição

COORDENAÇÃO EDITORIAL
Karol Oliveira

DIREÇÃO DE ARTE
Tiago Rabello

REVISÃO
Maggy de Matos

CAPA
Karol Oliveira

IMAGEM DE CAPA
Evandro Angerami

FOTOGRAFIA ORELHA
Paula Linhares Angerami

PROJETO GRÁFICO E DIAGRAMAÇÃO
Conrado Esteves

A587 Angerami, Valdemar Augusto, 1950-.
Solidão : a ausência do outro / Valdemar Augusto Angerami . – Belo Horizonte : Ed. Artesã, 2017.
184 p. ; 23 cm.

ISBN: 978-85-88009-70-7

1. Psiquiatria. 2. Psicologia clínica da saúde. 3. Psicoterapia existencial. I. Título.

CDU 616.89

Catalogação: Aline M. Sima CRB-6/2645

IMPRESSO NO BRASIL
Printed in Brazil

ARTESÃ EDITORA LTDA.
Site: www.artesaeditora.com.br
E-mail: contato@artesaeditora.com.br
Belo Horizonte/MG

Para

Ev e Ba,
minhas duas cabecinhas
loirinhas...
que cresceram, cresceram...

Agradecimentos

Linda manhã de verão, com o céu azul mais lindo de sonhar. Azul que perde em exuberância apenas para as manhãs azuis de inverno. Ouvindo Debussy e debruçado na parte de agradecimentos, algo sempre muito delicado, pois, sempre corremos o risco de excluir pessoas, que foram importantes na execução de nossos trabalhos.

Inicialmente, um agradecimento especial ao editor Mestre Alcebino, pela determinação e arrojo na efetivação desse projeto. E também a Karol Oliveira pelo carinho, dedicação e eficácia no cuidado com nossos livros.

Seu esmero dá a nossa obra uma preciosidade estética muito delicada. É necessário ainda, agradecimento singelo a Sueli Guerreiro, amiga querida, que se deteve na leitura detalhada desse livro, fazendo sugestões e ponteamentos, sempre bem-vindos e pertinentes.

Aos meus filhos, pela presença constante e energizante. Ao Evandro, pelo cuidado e esmero na elaboração da capa, e à Paula, pela presença inquietante e instigante de suas reflexões filosóficas.

Tanto agradeço pelo que a vida me oferece, a começar pelo cenário maravilhoso da Serra da Cantareira, onde vivo e escrevo a maioria dos meus livros e escritos.

E, também se faz necessário, agradecimento muito especial aos leitores. Pessoas muitas vezes distantes, mas que dedicam tempo valioso de suas vidas, mergulhados em nossos livros. Gratidão por esse vínculo e pela harmonia de críticas e elogios, que nos direcionam. Igualmente, sempre bem-vindos.

Serra da Cantareira, numa manhã azul de Verão.

Sumário

Solidão

Valdemar Augusto Angerami

Caminho.
As ruas estão desertas...
Não existem pessoas olhando vitrines
Procuro pessoas.
As ruas, os bares,
Os cinemas, os teatros, tudo está vazio.
Tudo está vazio, mas repleto de pessoas...
Pessoas sem rosto, sem nome, sem cor...
A multidão caminha...
E se atropela pelos caminhos...
Ninguém me vê...
Ninguém me ouve...
Ninguém percebe a minha existência...
Lá e acolá escuto vozes...
Ali vejo namorados...
Mais ali, vejo jovens, sussurrando...
Todos riem...
Ninguém me ouve...
Estou sozinho.
Não! Não posso estar sozinho.
Ao meu redor existem muitas pessoas.
Eu me escuto: você está só...
Ninguém me ouve
Escuto o meu coração
Ele está dilacerado...
Procurando alguém...
Vejo luzes
Ouço buzinas, gritos, reclamações...
Veja as pessoas apressadas
Ninguém me ouve...
Ninguém me vê...
Caminho
E olho em direção ao infinito

De onde vêm tantas pessoas?!
Porque estão tão apressadas?!
Porque ninguém me olha?!
Escuto meu coração
Ele está dilacerado...
Procurando alguém...
Onde está esse alguém?!
Será que esse alguém é alguma
Dessas pessoas tão apressadas?!
Ou será que esse alguém também já passou...
E também não me viu...
Caminho
E apenas sei que estou só...
E me escuto: você é só...

Apresentação

Da chicotada só esquece quem açoita...
Sabedoria cigana

Ouvindo Debussy e saboreando o vinho companheiro, com queijo embebido em molho de ervas e azeite. O estalar do fogo na lareira me remete a questionamentos de que a solidão, em alguns momentos, é necessária, como também, é uma das principais determinantes de revigoramento emocional. Mas, essa mesma solidão necessária, tem facetas dilacerantes, que levam a condição humana a um de seus maiores sofrimentos.

Este livro é da minha atividade, junto a pacientes vítimas da tentativa de suicídio. A busca de uma melhor compreensão do fenômeno do suicídio levou-me ao encontro dos meandros da solidão. De início, surpreso, depois estupefato constatei o número de pessoas, que são atiradas às raias do desespero, pela solidão. E saí em busca dos determinantes existenciais, tentando encontrar definições, construtos e abstrações do que seria a configuração da solidão.

Solidão é coisa de velho, solidão é coisa de quem não tem com o que se preocupar, estes e outros sofismas foram vencidos e direcionados para uma reflexão pormenorizada, que a um sem número de questionamentos infindáveis.

A única certeza que tenho desse livro é que repartirei com o leitor um grande número de dúvidas, questionamentos e até mesmo reflexões como a solidão abarca a alma humana.

E, novamente, estou diante de um incômodo, sempre presente a cada novo lançamento; a consciência do número dos profissionais e acadêmicos, que se direcionam com os nossos escritos. Uma sensação de angústia que sempre se faz presente, e que não tem como ser atenuada com tais reflexões. Enveredar pelos caminhos da solidão se reveste de uma responsabilidade igualmente grande, na medida em que tartamudeio palavras, num campo onde a psicologia ainda não ousou tentar caminhar.

Escrevo uma apresentação em que o sentimento de emoção, que me domina se mistura a uma angústia infindável sobre a possibilidade deste livro, assim como outros anteriores, se tornar sustentáculo teórico de um sem número de pessoas. É como se a responsabilidade daquilo que foi dito ganhasse concretude, se tornando soberana, diante de outros questionamentos.

Saio do texto. É impossível não lembrar seminários, simpósios, conferências, que participei e que são sustentáculos de nossas publicações. E da consciência do tanto que elas afetam às tantas pessoas envolvidas nesses eventos.

O livro traz em si uma responsabilidade, que as publicações acadêmicas não apresentam. Uma tese acadêmica é conduzida e avalizada por um orientador e balizada por uma comissão competente, que julga a qualidade do trabalho e confere ao seu autor, a partir da precisão de suas pesquisas e conclusões, um título acadêmico.

Um trabalho acadêmico, dessa maneira, ainda que escrito por apenas um autor, apresenta coautores que endossam a abrangência daquilo que está sendo descrito. O livro, ao contrário, pois mesmo tendo bases e referências teóricas traz um arrojo do autor, que se expõe a críticas, sem nenhum aval. Um trabalho em que predomina a solidão do autor e seu trabalho.

Percebo, nitidamente, que a angústia que sinto diante da publicação de um livro sem vínculos acadêmicos, é muito maior do que possíveis sensações experimentadas, diante de publicações de trabalhos acadêmicos expostos às bancas de avaliação.

O livro é como um filho gerado, que depois é lançado ao mundo, para buscar seus próprios caminhos. Os traços dos pais, ou autor, são transparentes em cada detalhe, e dificilmente se perdem na essência das buscas.

Terminar um livro é se certificar de que a vida que pulsa na ponta dos dedos, no martelar do teclado, será vivida, na mesma vibração, por um número incontável de pessoas. Isso tudo faz com que eu experimente um medo semelhante ao vivido por um amante inseguro, que teme decepcionar o próprio companheiro.

Medo de que os meus leitores, amantes fiéis de tantos outros livros, se decepcionem com o teor daquilo que está escrito; medo de que o arrojo de um novo livro seja ousadia intolerável, diante dos livros anteriores, que já foram aprovados pela crítica desses mesmos leitores.

Um livro sobre solidão. Um livro abordando um assunto por si intrigante. Escrito de maneira apaixonante, que certamente despertará um sem número de emoções.

Buscando reflexão sobre a solidão, procurei caminhos e atalhos dos mais diversos. A única certeza que tenho é que a solidão está tão distante das nossas reflexões, se tornando apenas realidade, quando da experiência, vivência e emoção desesperadora.

Serra da Cantareira, numa manhã azul de Verão

CAPÍTULO 1

Solidão. Uma breve reflexão sobre o sentido de uma busca

Sobre a natureza metodológica e métodos

Somente após decidir escrever um trabalho, que abordasse a questão da solidão, é que refleti sobre a real dificuldade desta temática. O seu tratamento, ao contrário, poderia ser extremamente fácil e verdadeiro, se fosse conduzido por uma abordagem enfeixada de maneira dogmática, e o próprio título do trabalho me induziria a isto. Então, minha tarefa seria dizer algo sobre a condução de uma entrevista, elementos de diagnósticos e a relação da solidão com outras vivências a ela inerentes, os passos do processo psicoterápico e, assim, sucessivamente. Incluiria referência à natureza afetiva do paciente, contendo dados que informassem sobre o seu meio social, fragmentos sobre sua estrutura psíquica, os fatores responsáveis pelo desenvolvimento de tal condição, etc. Estes são elementos importantes para uma investigação clínica.

Entretanto, quero admitir, inicialmente, que nunca serei capaz de apresentar algum conhecimento distinto, que possa direcionar a prática de outros psicoterapeutas, seguindo modelos de aplicação imediata. A minha condição é deixar problemas, para que cada um pondere e solucione, pessoalmente. Assim, questões como *natureza metodológica ou método, que natureza do conhecimento pode ser obtida e em que área (s) o conhecimento obtido esclarece, espécie de método em que o trabalho é direcionado,* seguramente, serão ou não respondidas, de acordo com a ótica de cada leitor. Não é minha intenção esclarecer tais premissas, porque, inclusive, sequer tenho condições.

Polemizar, discutir, direcionar discussões para outros aspectos do conhecimento, estas são as minhas mais profundas razões neste trabalho, seguramente um trabalho incompleto e que será completado pelas interpretações de cada um.

Solidão. Solidão, nada mais é, que um vagar na incerteza do insólito da existência humana.

Solidão.

Simplesmente, solidão.

É um trabalho de pesquisa, tentando desvendar, ao mesmo tempo em que se desvenda, em buscas e devaneios teóricos. Um trabalho de pesquisa deve ter clara a questão do conhecimento a ser obtido e sua implicação, numa clarificação metodológica. O que, atualmente, se necessita é determinar o ângulo de abrangência de processos psíquicos, ou nos diagnósticos, fatores sociais, patológicos ou outros que se associem com eles. Se um trabalho for incapaz de responder, claramente, a tais questões, o resultado será o não estabelecimento de uma forma de conhecimento sistematizado.

Ao assumirmos a condição de examinar os processos psíquicos, gradualmente adquirimos conhecimentos sobre outras coisas inerentes à vida da pessoa, pois resultados complexos estarão a exigir uma abordagem integral, para que aspectos importantes desta realidade não venham a se perder.

A tentação de não se acoplar teorias à realidade própria do paciente, é premissa básica deste trabalho. Ao contrário, é intenção se partir do paciente e, a partir disso, fazer uso da teoria. A realidade da pessoa, na quase totalidade dos casos, não é transparente, nem para o psicoterapeuta (observador), nem tampouco para ele próprio. Somente um pequeno fragmento dessa realidade é apreendido de imediato. O desabrochar do paciente leva um tempo, relativamente grande, em termos psicoterápicos, para que se tenha uma melhor compreensão desses processos.

A solidão em fragmentos de análise

A solidão – e praticamente tudo que a ela se relaciona – é vista como uma forma de alienação. No entanto, uma alienação pode modificar os resultados de uma ação, porém não sua realidade profunda. Não podemos confundir o homem alienado com uma coisa e a própria alienação com as leis, que regem os condicionamentos. A prática psicoterápica, igualmente, não pode, dessa maneira, se alienar em conceituações, que não acompanham o desenvolvimento do homem contemporâneo.

Buscamos uma compreensão viva em que os sentimentos, emoções, sejam fatos vivos e verdadeiros e longe das digressões teóricas, que se perdem em mero academicismo. E a solidão, por si, abarca todas as contradições, que envolvem a conceituação dos fenômenos humanos.

Indo ao encontro de textos e publicações, que abordassem a temática da solidão, ocorreu o primeiro grande impasse deste trabalho, a solidão descrita não é a solidão vivida. E outra grande celeuma acenou a partir destes aspectos, os textos descrevem a solidão a partir de fatores, que, dificilmente, serão reproduzidos ou até mesmo compreendidos, na essência do sofrimento humano.

Não tenho certeza de que estas linhas concretizem a minha própria busca na compreensão das incertezas, que envolvem a solidão humana. Minha única condição é estabelecer parâmetros para novas buscas.

Questões metodológicas nunca impediram reflexões, ou até mesmo incursões sobre as mais variadas temáticas. E, na medida, em que teorizo sobre solidão, a questão do método escapa, nas próprias entrelinhas daquilo que escrevo, na própria direção do que sinto em relação à solidão.

O saber acadêmico e sua abrangência na área do conhecimento humano, desde muito, deixou de ser totalidade, para ser mera especulação. E, embora a academia tornou-se uma espécie de religião moderna, com seus doutores transformados em sumos sacerdotes, ainda assim, suas asserções são cada vez mais colocadas, no mínimo, em dúvidas e questionamentos. E, se a questão é a tentativa de compreensão de temas tão complexos e tão pouco explorados como a solidão e o tédio existencial, essa se torna ainda mais emaranhada.

E até mesmo conceitos sobre a solidão se tornam inatingíveis, quando tomamos a dimensão da maneira como ela é vivida, diferentemente, por diferentes pessoas.

Espero conduzir a reflexão sobre solidão, de maneira que cada um faça sua própria síntese sobre esse fenômeno, ao mais tempo tão inerente à condição humana e, ao mesmo tempo, tão distante de nossa compreensão. E assim teremos cumprido um dos objetivos na elaboração desse trabalho, a introspecção sobre a própria essência da vida humana. Outros objetivos serão ou não atingidos, de acordo com a apreensão ou rejeição de cada leitor sobre os fatos descritos.

Solidão.

Simplesmente, solidão.

CAPÍTULO 2

Solidão. Configuração real da ausência do outro

A presença do outro

A ideia de relacionar a ausência do outro com a solidão, e, mais especificamente, com suas agruras, me pareceu algo extremamente simples. Bastaria relacionar o significado do outro em nossa existência e, consequentemente, sua ausência. E assim me empenhei no levantamento do material que abordasse a questão do outro e suas implicações existenciais. No entanto, tão logo iniciei este capítulo surgiu, de maneira clara, o significado do outro, a ausência e presença. E a ausência fazendo com que o outro se tornasse muito mais presente, do que em situações reais de presença física. E, a partir disso, este capítulo tomou uma trajetória bastante diferente daquela planejada, inicialmente.

O outro não existe apenas enquanto conceito instrumental. Existe, dando conceituação à minha própria existência. O que percebo, através das minhas experiências, são os sentimentos do outro; as ideias do outro, e, até mesmo, características de personalidade e condutas do outro, em mim. O outro não é somente aquele que vejo, senão aquele que me vê. Percebo o outro, na medida em que ele é um sistema complexo de experiências, fora de alcance e através do qual figuro, como sendo apenas um objeto, entre tantos outros[1].

A solidão é, assim, a configuração extremada da ausência do outro. O outro, que se torna presente por sua ausência, configura em meu ser, sua necessidade.

O desespero do homem contemporâneo apresenta várias facetas de sofrimento, mas, seguramente, a ausência do outro é um dos maiores espectros dessa realidade.

[1] Sartre, J. P. *El Ser Y La Nada*. Buenos Aires: Editorial Losada, 1981.

Durante alguns anos de minha vida, me dediquei à atividade musicista. Esta atividade exigia, que me debruçasse sobre o meu instrumento cerca de quatro a seis horas diárias. Isso, geralmente, criava um isolamento real das pessoas com as quais convivia no cotidiano. E uma das recordações mais vivas desse período eram aquelas situações em que esse isolamento ficava insuportável. Quando isso acontecia, a solução era interromper os estudos e procurar alguém, para conversar, sentir, olhar, etc. Entretanto, nem sempre era possível tanto pela ausência de pessoas disponíveis, no momento em que necessitava, como pela impossibilidade de interromper uma sequência de estudos temáticos. Assim, desenvolvi uma habilidade, que, seguramente, ainda hoje, muito me ajuda na tentativa de coordenação de diversas atividades.

Concomitantemente ao estudo do meu instrumento, lia os jornais diários, ou então ouvia o noticiário do rádio, tendo inclusive, um domínio completo da programação jornalística das emissoras paulistas.

Loucura. Estado de completa alteração da consciência.

Mesmo hoje, quando me lembro dessas situações, a primeira coisa que se faz presente é conceituar como sendo um estado de verdadeira insanidade mental, a coordenação dessas atividades.

Na realidade, estava simplesmente procurando um contato com o outro, seja através da voz ouvida pela rádio, seja pela leitura dos jornais, que implicava necessariamente em contrato real com os acontecimentos, que envolviam as pessoas da minha cidade e do mundo, de uma forma geral. Ou seja, avidamente, dentro do meu isolamento, buscava o outro. Evidentemente quando executava uma peça musical buscava não apenas um mergulhar profundo na sonoridade dos temas melódicos, como também ir ao encontro ao outro, através da execução dessa música. Isto implica dizer que, a pessoa que vive retirada, no estado de isolamento, não está segregada, psiquicamente, aos demais. O isolamento físico não pode ser visto como significação de indiferença para com o outro. Muitos afastamentos se dão de forma deliberada, não por indiferença. Ao contrário, a consciência do outro é tão forte que se torna impossível suportar sua presença física. O isolamento físico é, assim muitas vezes, uma forma em que se busca o relacionamento com o outro e assim definir o seu próprio ser. Não houvesse o outro e seria impossível se segregar, se isolar. E, até mesmo conceitos como reclusão e clausura se configuram como conceitos sociais, numa inserção que irá variar de acordo com as diversas sociedades existentes.

Vivemos um avanço ímpar no desenvolvimento tecnológico das comunicações. É possível, por exemplo, ligando um simples botão de televisão, assistir a uma transmissão, no exato momento de sua ocorrência, no outro lado do mundo. Com um simples toque no aparelho celular se acessa o aplicativo Whatsapp e conversa-se, ao vivo, com pessoas nos cantos mais distantes do planeta. E, mesmo o sistema de telefonia tradicional apresenta uma infindável variação tecnológica para a comunicação interpessoal, sequer imaginável décadas atrás. As redes sociais se alternam e se multiplicam, em uma velocidade e diversidade tamanha, que é praticamente impossível, uma pequena projeção de como será essa realidade, em breve período de tempo.

Mas, ao mesmo tempo, e diante dessa fascinante tecnologia, assistimos ao total empobrecimento das relações interpessoais. Isto faz com que, não seja desprezível, o fato de um número significativo de pessoas se queixar de solidão.

Nas grandes cidades, este problema é mais agravado, que nas pequenas comunidades, onde a vivência interpessoal insiste em resistir ao desgaste das relações humanas. E, isto com o agravante de que as grandes cidades aglomeram pessoas, que não possuem a menor afinidade entre si.

Inclusive, pessoas que moram em um prédio não saberem sequer quem são os vizinhos de porta; cada um se conserva totalmente, insensível às alegrias e sofrimento do outro. As pessoas vivem praticamente acuadas, com medo. Olhar o outro, muitas vezes, já é quase uma agressão. E, seguramente, esse distanciamento vai extremando o sentimento de solidão.

Em busca do arraial perdido na infância

Vivi na infância uma situação peculiar, que era a existência do arraial, em toda a pequena cidade do interior. Sete horas da noite, com as atividades de trabalho encerradas, ia todo mundo para o arraial. As crianças brincavam, os pais conversavam sobe o dia a dia. Formava-se assim, que todos se sentiam parte da vida do outro.

Recentemente, voltei a este mesmo lugar da infância. Encontrei o arraial, totalmente, vazio. Às sete horas da noite, as pessoas estão, atualmente, na frente da televisão, ou, então, de seus computadores. Aquele rico contato interpessoal ficou nas reminiscências do tempo e do espaço[2]. O chamado paraíso, representado pela moderna tecnologia, está levando não apenas uma agradável programação televisa, como também os avanços da internet. E, também, a contribuição decisiva para o distanciamento entre as pessoas.

Não quero, entretanto, responsabilizar a tecnologia pelo distanciamento entre as pessoas. Um computador, televisão ou qualquer outro aparato tecnológico não tem jamais autonomia, e não podem, assim, ser responsabilizados pelo empobrecimento dos relacionamentos interpessoais. A tecnologia apenas cumpre um papel catalisador, nesse processo. Se hoje em dia, em qualquer cenário público, seja restaurante, praça, metrô, etc, as pessoas estão totalmente absortas em seus celulares, e atentas às postagens das redes sociais, tal fato se deve à deterioração das relações interpessoais. E não de outra forma, como chegam a afirmar alguns incautos, que responsabilizam a tecnologia até mesmo pela violência existente em nossa sociedade. As redes sociais mostram o mundo tal qual ele é e se apresenta. Violência, desamor, indiferença emocional e tantos outros fenômenos e sentimentos mostrados nada mais são do que uma imagem nua e crua da realidade social de nossos dias. Se as pessoas se relacionassem de maneira mais saudável, os aparelhos estariam desligados, ao menos quando se estivesse na presença do outro, em relações interpessoais presenciais.

A solidão desperta sentimentos difíceis de serem incluídos no rol de uma análise, que não seja pormenorizada. A solidão desperta até mesmo sentimentos, que são um insulto à dignidade humana, como a compaixão. E, na medida em que a compaixão é, por definição, uma forma de amor ou simpatia pelos que sofrem, seria, logicamente, impossível em um mundo sem sofrimentos e desespero. Dessa maneira, não há como eliminar a compaixão, se não eliminarmos, concomitantemente, o sofrimento. E apesar da celeuma de que se reveste a colocação de que seria melhor um mundo sem sofrimento e sem compaixão, a solidão, juntamente com determinadas doenças que levam os pacientes a um

[2] Curiosamente dentro do rol de pessoas que deixam as pequenas comunidades do interior em busca de cidade grande, iremos encontrar um número grande que busca, na realidade do anonimato propiciado pela cidade grande, o sentido de realização para suas vidas.

estado de terminalidade, em escala maior, inclusive, que a própria pobreza, e isto apesar da exaltação à pobreza existente em nossa sociedade.

Bernano, dramaturgo francês, citado por Olson[3], ilustra muito bem esse posicionamento de exaltação ao sofrimento legado pela pobreza e pelo isolamento, há um mistério na pobreza, e não sou suficientemente covarde, para fingir que ela não passa de um problema geral da Economia Política a ser resolvido. Ouso escrever, que uma sociedade sem pobres é cristãmente inconcebível. A pobreza voluntária preserva, entre nós, esse fogo que lavra sob a cinza, do qual, de geração em geração, se eleva, repentinamente, a alta chama do puro amor. É dizer que a ascese espiritual do voto de pobreza é uma maneira de se mostrar acima das vicissitudes humanas. Certamente, se a pobreza fosse extirpada da nossa sociedade, não apenas o amor cristão perderia o sentido. Inúmeras instituições sucumbiriam, por falta de objetivo e ação. O número de teses acadêmicas, por exemplo, voltadas à pobreza é incontável. Uma questão bastante interessante é imaginar as Universidades, a Igreja, as demais religiões e outras tantas instituições, sem a figura do pobre para ser analisada, explicada, venerada e protegida. Estas instituições estão a dever muito mais uma elegia de exaltação e louvor do que propriamente a solução para o seu sofrimento. Assim, torna-se perfeitamente, perceptível, porque estas instituições ajudam o pobre de modo que ele possa suportar a pobreza, mas nunca o resgatando de sua condição sub-humana. Os pesquisadores, cientistas e outros *istas,* seguramente argumentarão contrários a estas teses, que o primeiro passo para a libertação do pobre é a reflexão e o dimensionamento real dessa questão. Discutir intelectualmente sobre a fome e a miséria e produzir um sem número de teses acadêmicas é, sem dúvida alguma, o primeiro passo para a libertação. Mas não há libertação do pobre, e sim da hipocrisia e da ilusão enganosa, criada dentro da realidade acadêmica pelo despotismo capitalista. E assim, ao pobre o *reino de Deus*, jamais uma vida digna sem humilhação.

A ideia que a maioria das pessoas faz da solidão é de um sentimento que nos acomete em determinados momentos. Aquela sensação de mal-estar, que nos invade na sexta-feira à noite ou no domingo à tarde, sozinho em casa sem programação. Ou o estado em que um amigo

[3] Olson, G. R. *Introdução ao Existencialismo*. São Paulo: Editora Brasiliense, 1970.

se encontra, por estar passando por um período difícil, depois de uma separação amorosa.

Os sentimentos de amor e paixão, inextricavelmente ligados aos sentimentos de estima e rejeição, tornam-se configuração real, a partir da maneira pela qual o outro se faz presente. Até mesmo os sentimentos de estima e rejeição se originam a partir de como o outro me percebe, e na relação da minha percepção de como estou sendo percebido. Ao se manifestar como presença real, o outro faz com que a própria essência do ser adquira contornos reais, em que os sentimentos de estima e rejeição sejam delineados como abstrações de sentimentos e manifestações transparentes.

A solidão é, na verdade, uma condição imanente a condição humana; faz parte da própria vida de modo indissolúvel. Em alguns momentos, a percebemos mais agudamente, e não sabemos como lidar com ela.

E, na medida em que vejo o outro como um sistema complexo de experiências fora do alcance das minhas possibilidades, a simetria perceptiva me dá a consciência da natureza concreta do sistema de representações e o próprio lugar que ocupo como objeto, transcendendo, radicalmente o campo da minha experiência.

O outro se mostra como sendo a negação da minha experiência, podendo, inclusive, tornar-se objeto e não uma pessoa no sentido estrito do termo, ou de sua real configuração. Assim, somos sujeito e objeto, numa relação com o outro, numa alternância abstrata e insólita.

A questão defendida por algumas correntes filosóficas acerca de que, fora de mim nada existe, é perfeitamente injustificada e gratuita. Afirmar que o mundo existe a partir da minha percepção é coisificar e nadificar a tudo, excluindo apenas a mim mesmo como sujeito. Uma psicologia que se pretende exata e objetiva, como o behaviorismo de Watson, não faz outra coisa, que não adotar esses princípios como hipótese de trabalho. Não se trata da negação da presença no campo de minha experiência perceptiva de objeto e fenômeno, senão a prática de representações organizadas por um sujeito fora de minha própria experiência[4].

O outro tem o poder de me iludir, fazendo com que a solidão pareça distante, quando de sua presença. Ou na relação sexual em que

[4] *El Ser Y La Nada. Op. cit.*

os dois se sentem como se fossem um, em que sentimos que é possível uma união indivisível. Mas, cedo ou tarde, chega a hora de encarar a conclusão inevitável: cada um é um.

O outro faz com que eu me sinta inserido como sendo parte de um todo, de uma família, de um grupo de amigos, de uma comunidade. Mas chegará o ponto que tomarei consciência de que, para minhas realizações pessoais, dependo, exclusivamente de minhas possibilidades. Em suma, por mais que se viva junto do outro que se ama, por mais que se interaja socialmente, não será possível evitar a certeza de ser só.

A consciência é revelação dos fenômenos existentes e os existentes comparecem à consciência sobre o fundamento de ser que é. Ser é tudo aquilo que tem vida. E, ao contrário de um objeto inanimado, o ser humano tem consciência de ser. O homem é um ser que se percebe enquanto fenômeno, transcendendo a própria fenomenalidade do fenômeno de ser[5]. Essa consciência é que vai levá-lo à conclusão *sou uma pessoa que tem que resolver suas próprias coisas.* Ou seja, em última instância, é de mim que dependo para minhas opções, para minhas resoluções. Não se trata de negar a existência com o outro, e sim de mostrar a nossa condição de ser só.

Ninguém jamais, em termos concretos e reais, duvidou, realmente, da existência do outro. O verdadeiro problema não é como dado certo conjunto de premissas epistemológicas ou ontológicas, pode ser provada a existência do outro. Mas antes, que tipo de epistemologia ou ontologia se requer, para explicar o fato de que somos incapazes de duvidar da existência alheia. O outro existe e sabemos disso com certeza, ainda que os empiristas insistam em explicar sua existência, apenas como uma hipótese provável[6].

O outro é aquele que não é eu e aquele que não sou. Na verdade, porém, a negação entre as pessoas não é uma negação externa, mas subjetiva.

Um dia, acordo me sentindo sozinho, necessitando do outro. A conclusão disso, é a consciência de que necessito do outro. Uma pedra não tem consciência da existência de outra pedra, não tendo, portanto, a necessidade do outro, ou melhor, de outra pedra. Quanto a mim, como

[5] Angerami, V. A. *Existencialismo e Psicoterapia.* São Paulo: Traço Editora, 1984.

[6] *El Ser Y La Nda. Op. cit.*

tenho a consciência de mim e do outro, sinto a ausência e, consequentemente, a minha condição de ser só.

Da mesma maneira, como eu sou e não sou o meu passado, enquanto concretude real, também sou e não sou o outro. O outro se constitui em meu ser, tão severamente quanto meu passado, mas assim como numa fragrância do ato de existir, o outro não sou eu. Se a relação entre mim e o outro não fosse uma relação subjetiva, minha certeza de sua existência seria, totalmente, incompreensível[7].

Descartes, um dos grandes expoentes da filosofia contemporânea, incorreu no erro de formular o problema em termos de consciência reflexiva. Ora, uma das características reflexivas é sua incapacidade de conceber relações, que não sejam exteriores. Ele não encontrava dificuldades, por exemplo, em conceber que dois objetos materiais, no mundo do espaço físico, estavam mutuamente relacionados. E a razão era que, relações entre objetos físicos, são sempre relações exteriores. Um não é o outro, e nenhum deles afeta o outro, em seu ser. São existências discretas e separadas, passíveis de vinculação, através do raciocínio matemático ou lógico. Descartes não podia, porém, conceber matemática ou cientificamente, uma relação positiva entre um ser espiritual ou pessoa, e objetos físicos, porque uma relação não é externa, e para a consciência reflexiva, as relações externas são as únicas concebíveis[8].

E, na medida em que dependo da convivência com o outro, vou procurá-lo, na tentativa de estabelecer uma relação subjetiva e não uma simples exterioridade. Isso explica, facilmente, porque sentimos solidão mesmo numa vivência grupal, onde, apesar do número de pessoas presentes, ao nosso redor, não existe o estabelecimento de nenhuma relação subjetiva.

O outro, de maneira solitária, ou até mesmo em grupo, é procurado para o suprimento das minhas carências, minha necessidade de reconhecimento, me sentir amado, desejado.

Não são as pessoas e o mundo, mas, antes, os objetos físicos, que estão radicalmente separados pelo espaço. Mas não há nada, nem mesmo espaço a separar a pessoa como ser consciente do mundo. A relação entre as pessoas e o mundo é subjetiva. Uma pedra existe no espaço de

[7] *Ibidem. Op. cit.*

[8] *Introdução ao Existencialismo, Op. cit.*

acordo com os limites de sua área. A dimensão que ocupa no espaço não transcende suas formas, nem tampouco seus próprios limites. O ser humano, ao contrário, ocupa uma dimensão, que transcende seus limites corpóreos. Ele tangencia as estrelas com sua imaginação; toca a Lua com sua percepção e desliza mar adentro, através de suas percepções[9]. Não somos uma realidade encerrada numa cápsula corpórea, ou mesmo uma concha transparente, mas inquebrantável, que possibilitasse, ainda que eventualmente, olhar o outro.

Estar com o outro não faz com que eu deixe de ser fundamentalmente só. Quando alguém diz, *preciso sair, encontrar pessoas com urgência*, ou conta, *puxa, não é que naquela noite a solidão me pegou*, o que de fato aconteceu foi que, nessas circunstâncias, ele entrou em contato com a solidão de maneira aguda, e mais especificamente com a ausência do outro. Não que a solidão tenha passado a existir naquela noite, e não tenha existido pela manhã, no escritório ou na véspera numa festa.

Solidão e isolamento

O isolamento existente entre as pessoas faz com que a questão da solidão seja vista como sendo um problema individual. Essa a razão de muitas pessoas confessarem, sou muito só. O isolamento faz com que as pessoas não levem em conta o fato de serem solitárias e, por isso mesmo, necessitarem do outro. Porque, também existo, a partir da consciência que o outro tem da minha existência. Se o outro me ama, me vê, me percebe, amenizo o peso da solidão, na convivência, na integração.

Uma criança pode estar brincando numa sala, enquanto a mãe, no outro canto, faz tricô. Cada um nas suas tarefas, concentrado nas suas coisas. Mas se a mãe sai, a criança se inquieta, a quer de volta, a segue, precisa dela, para aliviar o peso da solidão. O mesmo acontece já com o bebê. Mesmo alimentado, limpo, confortável, ao ficar sozinho, chora, quer a interação com o outro, não aguenta a solidão.

A interação com o outro, ao mesmo tempo em que alivia o peso da solidão, nos dá a dimensão de *ser só*, ainda que seja uma interação contínua, ou mesmo intermitente.

[9] *Existencialismo e Psicoterapia. Op. cit.*

Solidão e música

Ao escrever estas linhas, me alterno na música da minha Santíssima Trindade Musical: Debussy, Mozart e Rachmaninov. E, nesse momento, tenho, ao fundo, o Concerto V em Lá Maior para violino e orquestra, de Mozart. É como se o martelar dos dedos no teclado do notebook acompanhasse o andamento da peça. E, num determinado momento, se fundisse com a orquestra, fazendo uníssono harmonioso com o violino solista.

E, num suave momento, abro o meu campo perceptivo para essa música, ouvida, intensamente, tantas outras vezes.

Abro o coração e me deixo invadir pela música.

A orquestra executa os movimentos iniciais, desenhando com as cordas, no espaço, uma figura melódica, ao mesmo tempo suave e maravilhosa. E aqui temos uma característica das obras de Mozart, em que um tema é apresentado, inicialmente, para depois ter inúmeras variações pelos mais diferentes naipes da orquestra, além, naturalmente, do instrumento solista, nesse caso o violino[10]. E, após o tema ser apresentado com suas nuances melódicas, a orquestra, repentinamente, para. O violino começa, solitariamente, a executar as notas do tema musical, que já havia sido apresentado pela orquestra, e com o qual irá conduzir a orquestra com inúmeras variações, até o final do primeiro movimento.

Esse concerto foi escrito, quando Mozart ainda era adolescente, e, se não tem a envergadura dos concertos, que o colocam na galeria dos grandes gênios da humanidade, ainda assim, tem uma leveza e beleza melódica, que somente ele conseguiu imprimir a uma peça musical. As obras de grande envergadura de Mozart o colocam em um patamar inigualável, na história da arte. Sua genialidade é glorificada por outros grandes gênios da música. Assim Tchaikovsky irá afirmar *A maior prova da existência de Deus é a música de Mozart.* Richard Wagner, o grande mestre alemão, irá colocar *Deus é Perfeição. A perfeição é a música de*

[10] É atribuída a Mozart a origem de algo muito presente na música contemporânea, e principalmente no Jazz que é a variação melódica sobre um tema inicialmente apresentado. Mozart levou esse requinte de variação temática ao extremo dos requintes de elegância e performance artísticas inigualáveis.

Mozart. A constatação grandiosa de Beethoven *Talvez algum dia façamos algo tão Divino como a música de Mozart.* E a singela colocação de Alexander Glazunov, um dos principais compositores de todos os tempos, *Os anjos, quando tocam entre si, tocam Bach. Quando querem louvar a Deus, tocam a música Dele, tocam Mozart.*

A orquestra, passado esse momento solitário inicial, passa a acompanhar o violino, desenvolvendo uma disputa, no mais perfeito, no que seria definido, posteriormente, como o autêntico estilo mozarteano. A orquestra supera o violino em determinados compassos, para ser superada nos momentos seguintes. Os compassos se sucedem, os sons, harmoniosamente, se integram como a mostrar que a interação possibilita uma beleza única, ao mesmo tempo em que faz com que o distanciamento do outro não seja sentido, nem tampouco percebido. Os temas melódicos e suas variações se sucedem, levando encantamento e união em acordes e contraponto comigo mesmo, sentado a escrever sobre a solidão.

O violino, em sua melodia solitária, parece prescindir da orquestra. Solitário acirra notas em que a pureza da expressão melódica faz com que a própria vida seja exaltada. O violino é a solidão.

A solidão é o violino. A orquestra, o outro. E, a cada compasso, a necessidade do outro se torna concreta, com a harmonia criada nas nuances melódicas dos diálogos da orquestra e do violino.

O violino é a solidão. Solidão vivida suavemente em doces momentos. A condição de *ser só* se torna a temática principal do violino, num relacionamento com o outro, ao mesmo tempo presente e configurado, na própria relação melódica. Os temas se misturam e se completam. As variações temáticas giram em círculos melódicos. A tempestuosidade do violino em determinados compassos, alternados com momentos de extrema delicadeza, exigem que o violinista seja não apenas um virtuose do instrumento, como também alguém cuja sensibilidade transcenda a própria partitura, numa configuração de arrebatamento da própria condição humana.

A música brota da orquestra e do violino. E constato a suavidade desse momento de solidão. Solitariamente enriquecido com Mozart, a refletir sobre a condição humana.

Solidão.

Simplesmente solidão.

Suave ou desesperadora, simplesmente solidão.

Solidão e desespero

Na maioria das vezes, a solidão é diretamente associada com desespero, sofrimento e, em última instância, ao suicídio. É como se a quase totalidade das pessoas não aguentasse a condição de ser só. E tudo, então, se torna desesperador. As provas são os bares noturnos das grandes cidades, cada vez mais repletos de pessoas solitárias, que buscam o outro, e as inúmeras chamadas telefônicas ou pelo chat via internet, de entidades como o CVV – Centro de Valorização da Vida –, Porta Aberta, Com a Vida, etc. Em alguns momentos, se torna premente buscar o outro, ainda que seja representado por uma voz desconhecida ao telefone ou na tela do computador pelo chat, ou mesmo redes sociais.

O outro também é procurado, seja através de uma carta, e-mail, postagens em rede sociais, ou mesmo através de lembranças e reminiscências. Quem é que não sentiu uma espécie de vazio, alguma vez, sozinho em casa?!

A televisão ou a internet não distrai; a música, em vez de consolar, provoca lembranças de situações, da presença do outro, na figura de pessoas queridas. Nessas situações, tudo é difícil, até mesmo se concentrar num livro. Mas basta ligar para alguém, ou acessar amigos, ainda que virtuais, pelas redes sociais, e, em alguns minutos, esse panorama sombrio se modifica. A presença do outro me faz sentir alguém, com significação própria.

Entrar em contato com a solidão, não é algo fácil. Mas, ao compreendê-la, ao constatar que cada um é único, sua própria história, percurso, biografia, sua maneira própria de buscar sentido para sua vida, também se percebe, que está aí a grandeza e a beleza da condição humana.

Há momentos, em que as perspectivas da condição humana se perdem e o sofrimento vence. São períodos críticos de perdas reais ou aparentes.

E, nem sempre são felizes ou bem-sucedidas, as tentativas de aliviar a solidão a qualquer custo.

Buscando o outro

Na atualidade, muitas pessoas, dispostas a procurar companhia, encontram alguém num bar, saem, conversam e até mesmo se relacionam, sexualmente. Isso tudo, inevitavelmente, levará esta pessoa a um estado, que pode ser, perfeitamente, definido como ressaca moral, pois, se essa pessoa tiver alguma lucidez, perceberá que, para suprir uma carência, procurou alguém que nada tinha a ver com sua necessidade afetiva, e até mesmo com sua realidade subjetiva e existencial. O resultado é simplesmente uma carência ainda mais dolorosa, com a sensação de solidão crescendo e o vazio à sua volta, ainda maior.

Existem pessoas, que, inclusive, se justificam diante de situações onde o outro foi buscado, nestas circunstâncias, que desejam apenas o prazer, a simples satisfação de uma excitação física. Dificilmente, essa justificativa será verdadeira, na medida em que nessa busca entram outras necessidades, além dessa citada necessidade sexual. A justificativa do mero prazer físico dispensaria a presença do outro; a masturbação resolveria, ainda que o outro estivesse presente no imaginário, no desejo. O desejo manifesto do outro é o próprio sentido de nossa realização. Assim, a ereção, mais do que um simples enrijecimento de músculos, é a transcendência das realizações humanas. A ereção do pênis é um processo de enrijecimento; numa síntese de êxtase e arrebatamento; a ereção experimentada é a intumescência do próprio significado da existência. Embora, muitas vezes, o ato sexual seja uma mera submissão; na medida em que se submete ao orgulho e caprichos do outro, ainda assim, o outro dá significado próprio à essência do ato em si. Contudo, através de uma inversão que leva ao êxtase, ao ponto de transbordamento, essa lúcida negação provoca acontecimentos reais no mundo: a ereção, a ejaculação e o próprio prazer sexual transcendem o imaginário; para se tornarem real numa dimensão que supera até mesmo os limites humanos. Sorver o suco vaginal, molhando os lábios, suavemente, seguramente é algo além do que o experienciar de uma simples lubrificação vaginal, durante o ato sexual. Um beijo molhado de desejo confirma a presença do outro, de uma forma que, certamente, a fisiologia médica não é capaz de explicar. Estreitar um corpo nos braços e sentir a pulsação dos corações é um prazer que, muitas vezes, dimensiona o próprio sentido da existência.

Na realidade, o outro é procurado para que, ainda que por breves momentos, possamos ter significado para alguém. A evidência dessas colocações mostra que uma simples observação das atitudes de uma prostituta nos dá a constatação de que nenhuma vai simplesmente direta ao ato sexual.

O depoimento colhido, ao longo de anos, mostra que todos aqueles que frequentaram casas de prostituição indicam que as prostitutas fazem com que o cliente possa se sentir desejado, viril e até mesmo o melhor, em termos sexuais, de todos os clientes com os quais elas se relacionam. É dizer que o aprendizado da prostituição implica no conhecimento de que a pessoa procura pela prostituta, mais do que a satisfação física representada pela ereção, penetração e ejaculação; procura, principalmente, alívio para a necessidade do outro em sua vida. O amor e toda a ilusão pertencentes à alma humana aliviam a ausência do outro, quando tornado realidade em essência e transparência. É comum mesmo a observação de que as situações mais dolorosas de solidão são aquelas, em que, após um intenso relacionamento sexual, se depara com a condição de que até mesmo os limites corpóreos se separam isoladamente, depois de uma intensa união representada pela penetração.

A solidão mostra que a própria busca humana de relacionamento interpessoal não aceita a colocação simplista de que o outro é apenas alguém com quem me relaciono, esporadicamente. Nessas situações é necessário um discernimento que solidão, *ser só* é diferente de isolamento, *estar só*. Mas situações de isolamento podem contribuir, para tornar muito penosa a minha sensação de *ser só*.

Estando numa cidade onde não conheço ninguém, não interajo com outras pessoas a não ser o garçom do restaurante, o motorista do ônibus, etc., fico sem contatos e relacionamentos interpessoais. Aí, realmente, pode ser muito forte e dolorida a consciência de *ser só*. Exemplos claros de sofrimento provocado pelo isolamento social podem estar do nosso lado e passar despercebido. Como o da empregada doméstica, proibida de frequentar o ambiente social da própria casa onde mora; ela não pode receber amigos na sala, nem tampouco o namorado em seu quarto, já muito diferente do resto da casa. No seu próprio habitat vive em isolamento. Fica sem os recursos de quem em sua casa com familiares e amigos efetiva meios de vencer a dor da solidão. Nesse sentido, é facilmente compreensível o aumento significativo de tentativas de suicídio, próximo ao período de natal. Nesse período existe a efetivação dos sentimentos de fraternidade representados pelo natal.

E embora o espírito de natal tenha sido desvirtuado com a apropriação do comércio, ainda assim, a aura de fraternidade e união, ainda está presente. E mesmo que se argumente que muito dessa fraternidade tem a ver com as propagandas, que incentivam o consumo de determinados produtos nas ceias natalinas, ou mesmo a insana troca de presentes, ainda assim, o que se propaga é que tudo seja feito em torno de reuniões familiares. É como se os familiares e amigos distantes se tornassem presentes em lembranças e reminiscências dolorosas. A empregada doméstica, então, sozinha sem amigos e familiares tem o seu isolamento estrangulado diante dos fatos insólitos que cercam sua vida.

Em busca de significado

As várias saídas de si mesmo mostram ao indivíduo que ele não é apenas um ser com sofrimentos, mas, também com significado. É o sentido da própria existência, que se está buscando, quando se quer chegar a uma realização profissional, a crescimentos afetivos e emocionais, contrapondo essas buscas aos sofrimentos, que a existência em si apresenta. E, nessa busca, não há receitas nem modelos de condutas a serem adotados. Até porque as saídas mudam numa mesma pessoa, de acordo com as várias fases da vida, direcionando estas buscas e objetivos para caminhos bastante diferentes. É o caso do adolescente que mostra o significado de sua existência através do barulho provocado pelo escapamento de sua motocicleta. Esse sentido de significação será muito diferente para o empresário que tem dez empresas e luta para chegar à vigésima, ou para o governador cuja meta é ser presidente. Dessa forma, o sofrimento provocado pela condição humana, apresenta estes aspectos, que podem se reverter em fatores positivos, levando a realizações e buscas de outras possibilidades alternativas, gerando, assim, transformações, não apenas pessoais, como, também, sociais.

Vivemos num mundo em que o sofrimento e o desespero fazem parte do cotidiano. A dor existencial é algo mais do que uma simples abstração teórica e insólita, à nossa realidade. E até mesmo muitos dos sofrimentos físicos se relacionam, diretamente, com a nossa forma de vida. É o contraponto que a vida nos dá, propiciando momentos arrebatadores e, igualmente, apresentando o desespero do isolamento e da constatação de *ser só*.

A solidão é uma temática, que nunca é excluída dos espectros, que avassalam a vida do ser humano, na contemporaneidade.

A nossa forma de vida, agitada e nervosa, decadente e humilhada, num mundo desesperançado e entorpecido pelas drogas, faz com que a solidão se mantenha escamoteada, sob as mais diferentes formas. As configurações das sociedades modernas, com alguns países incrustando valores dos mais diferentes matizes, a partir do poderio financeiro, estão a impor novas configurações à realidade humana. A brutal exclusão social das sociedades modernas, que lança um sem número de pessoas à vida errante das ruas, embaixo de pontes, viadutos e marquises está a exigir novas definições conceituais de solidão. Pessoas que se aglutinam em grupos, para se protegerem não apenas das intempéries das ruas, mas também do espectro da solidão. E que estão em busca de algo insólito, que possa dar nova configuração de sobrevivência e resistência a essa brutalidade social, que os circunda.

A vida, que se alterna nas circunstâncias sociais, determina formas e contorno à solidão, que somente serão perceptíveis, diante de uma análise pormenorizada. Uma simples observação de pessoas transitando apressadas, ao longo das calçadas nos grandes centros metropolitanos, mostra o sofrimento vivido e estampado de forma cicatrizante nestes semblantes. É o sofrimento da alma, deixando marcas, não apenas através da somatização de determinados sintomas, mas, também, sinais manifestos, através do expressionismo facial.

A angústia, o desespero diante de episódios esporádicos está a exigir das pessoas não apenas a resolução desses fatos e fenômenos, mas, também, e principalmente, a reestruturação da própria manifestação corpórea, consequente dessas ocorrências.

Sobre a dimensão do olhar

O olhar do outro determina a maneira pela qual resolvo tais conceituações, ao mesmo tempo em que me direciono rumo à busca de novas alternativas existenciais. O olhar tem o poder de transmitir os sentimentos e emoções de forma mais pura do que qualquer outra manifestação corpórea. Através do olhar, toda a gama de sentimentos é vivida sem o menor indício de razão ou até mesmo de controle emocional. Assim, um olhar de desejo é capaz de transmitir sua essência com muito mais intensidade e veracidade do que qualquer construção de palavra que ao desejo se associe. Da mesma forma, o ódio, a ira, a compaixão e outros tantos sentimentos têm no olhar a dimensão precisa de sua amplitude. Um olhar que sofre, abarca, em si, a própria dor do mundo, manifesto na dor do sofrimento da alma.

A comunicação expressa pelo olhar dispensa até mesmo outras manifestações corpóreas. A palavra, o gesto, a taquicardia, a sudorese, etc., são perfeitamente dispensáveis, diante da soberania da expressão do olhar. E o olhar capaz de transmitir e expressar a dimensão do próprio sentimento humano é igualmente capaz de configurar a presença do outro, na minha vida, em tal e qual dimensão, que posso o apreender em suas formas e contornos humanos. A própria vida, que palpita nas manhãs primaveris, pulsa num olhar apaixonado; o ódio ensurdecedor dos tanques militares fumega, igualmente, num olhar odioso; a ira advinda da humilhação e do desprezo também é presente, num olhar irado. E até mesmo a força energética advinda de um olhar é, igualmente, compreensível da maioria das pessoas. Seguramente a experiência de percepção do olhar do outro, até mesmo quando estamos em posição antagônica a esse olhar, é fato que, certamente, foi vivido pela totalidade das pessoas. Um olhar numa janela de trem, avião ou ônibus, buscando um adeus ou um até breve, é outra vivência, que mostra a força do expressionismo do olhar.

E se pensarmos numa outra dimensão de análise do olhar poderemos configurar que, até mesmo num relacionamento sexual, é a partir do olhar que o deseja será vivido e percebido. E mesmo naquelas situações em que o ato sexual é realizado na penumbra, ainda assim, existe a acomodação do campo visual para, na própria escuridão, dar contornos às sensações corpóreas advindas da relação.

Diante do olhar do outro somos uma realidade frágil, sem a menor concretude diante do insólito da própria existência.

Sobre o verão

Verão. Tempo quente. As pessoas mostram na pele uma realidade subjetiva nem sempre compatível com sua própria realidade existencial. O sol acaricia as pessoas na praia com a mesma intensidade que inunda de luz os pátios de uma penitenciária ou, ainda, os escombros dos silêncios sepulcrais. O Sol dificilmente é associado à depressão e à solidão.

É frequente a relação da depressão e da solidão com o Inverno, com o frio e a chuva que derrete a própria alma. As tarde e noites chuvosas parecem exigir a presença do outro, de uma forma muito mais acentuada, que os dias em que o Sol se mostra exuberante. A noite de chuva traz em si resquícios de um romantismo idealizado para a vivência de situações em que a presença do outro é imprescindível. E embora não exista qualquer premissa científica ou até mesmo ideológica, que possa embasar estas afirmações com outro, que não aqueles meramente sensitivos, ainda assim, é praticamente impossível não se fazer a relação da solidão e da depressão e de outras formas de desespero humano com o tempo frio e chuvoso. Evidentemente, que escrevo tais afirmações numa mera descrição de nossa realidade brasileira. Isto em que pese a simples constatação de que o índice de suicídio aumenta significativamente, na Europa e países nórdicos, no período compreendido pelo Inverno. Isso nos dá a projeção de que a ausência do outro é sentida com muito mais intensidade, nesses períodos. Ou seja, apesar do Inverno europeu estar inserido na abrangência do final de ano, época que, pela proximidade das comemorações natalinas, aumenta nas pessoas a ausência do outro, ainda assim a depressão e a solidão parece que se alternam, de acordo com essas manifestações climáticas.

No Brasil, igualmente, o número de ocorrências de suicídio aumentam no final de ano, estando associado ao período natalino do que a possíveis alterações climáticas. E, ademais, no Brasil, o Inverno está distante das comemorações natalinas e tampouco apresenta o rigor encontrado nos países europeus e nórdicos.

E de outra parte, até mesmo o expressionismo popular manifesto em canções mostra que o tempo chuvoso e frio exige amor, fazendo com que a presença do outro seja necessária, para se suportar possíveis adversidades climáticas.

O ato de escrever e a presença do outro

Da minha mesa de trabalho, observo a neblina acolchoando as montanhas. E observo o meu ontem, em que nessa mesma moldura a chuva escorria mansa, interminável, cinza e azul, à distância. E uma dimensão do ato de escrever se torna realidade à minha percepção; escrever é uma forma, uma maneira singular de contato com o outro. Enquanto escrevo, direciono as palavras, a construção das frases, a concordância ortográfica para o outro, que irá ler o fruto desses escritos. É como se escrevendo tivesse me relacionando com o outro, que mesmo distante é parâmetro da objetividade e da subjetividade com que expresso minhas ideias. E, apesar de existir um sem-número de pessoas que afirmam, tacitamente, que escrevem para si próprias, não tendo a menor intencionalidade ou pretensão de que seus escritos sejam lidos pelo outro, ainda assim, é praticamente impossível não haver a presença do outro, no ato de escrever.

Escrever é um ato, que envolve a própria totalização dos sentimentos e do expressionismo humano. O número de pessoas, que encontra no ato de escrever uma catarse eficaz, para os sofrimentos e devaneios existenciais, é incontável. Igualmente, imensurável é o número de pessoas que têm na escrita uma de suas únicas formas de comunicabilidade com o outro. E mesmo nas modernas redes sociais, com todo seu avanço tecnológico, é através da escrita, que muitas das mensagens são transmitidas. Assim, o sofisma de que muitas pessoas precisam da solidão e do isolamento para escrever, é bastante questionável, na medida em que o isolamento do outro, visto muitas vezes como condição libertária de algumas pessoas, na verdade é uma forma de comunicação e configuração real da presença desse outro. Ainda que pela própria ausência de seu olhar como leitor. Julga-se isolado, e de fato, enquanto escrevemos, muitas vezes, estamos realmente isolados fisicamente de outras pessoas, mas, na realidade, estamos vivendo uma interação contínua com o outro. Até mesmo o isolamento buscado por algumas pessoas, para se dedicarem à oração é, de fato, um mero distanciamento de pessoas, mas nunca a exclusão da interação com o outro. Orar, em princípio, é manter um relacionamento íntimo com o outro, através da abstração arbitrariamente imaginada e denominada de Deus. A paz da oração pode aliviar, inclusive, o peso da solidão e de tantos outros sofrimentos, que frequentemente invadem a alma humana. Mas não isola a pessoa, que reza, da necessidade do contato com o outro[11].

Escrever, antes de qualquer outra definição, é um transpassar de ideias, sentimentos e valores. É tornar, de domínio público, algo privado.

[11] Veremos no capítulo *Solidão e Vida Religiosa* detalhes pormenorizados do ato de orar, e da busca de Deus para superação dos desatinos da alma humana.

Ou, ainda, concretizar a célebre expressão *palavra eterna é a palavra escrita*. Escrever implica em ter claros, determinados parâmetros de comunicação, pois nada adiantarão frases com estéticas bem construídas, se elas não forem decodificadas, corretamente, pelo outro.

Perpetuar o pensamento, através de ensinamentos transmitidos ao outro, pela palavra, isso é escrever. Palavra, que escrita transforma a própria realidade dos fatos. Não há como dimensionar, de forma apriorística, como o outro perceberá e julgará o resultado do ato de escrever. Muitas vezes, escrevendo, concebemos ideias que são expressas de modo bastante diferente de sua concepção original. E, quando esse mesmo texto vai ao encontro do olhar do outro, a dimensão de sua transcendência é ainda mais surpreendente. Lembro-me, claramente, da emoção que me invade a alma, quando do lançamento dos nossos inúmeros títulos. A ansiedade que domina todo o meu ser, nessas ocasiões, não se atenua, apesar da repetição de tantos livros lançados, ao longo dos últimos anos. São horas a imaginar como será a reação das pessoas ao conteúdo dos textos; como será a repercussão da maneira pouco acadêmica como escrevo; e, ainda, como será a propagação do nosso trabalho e ideias em outras cidades e estados. E até mesmo em outros países, na medida em que os nossos livros são distribuídos em diversos continentes. Geralmente, nas festas de lançamento, não tenho condições sequer de sorver a bebida com a qual se comemora o evento. Nos dias seguintes, ver as capas dos livros exibidas nas prateleiras e vitrines das livrarias é sempre indescritível e emocionante. Quando surge alguma pessoa a pedir dedicatória, é como se a importância do que havia escrito estivesse recebendo uma condecoração, altamente alvissareira. Ainda hoje, apesar de tantos livros publicados, após conferências e seminários realizados nos mais distantes cantos, ainda fico emocionado com os pedidos de dedicatória. É o renovar de uma emoção sempre nova de constatar a presença do outro numa das principais atividades da minha vida. Ao receber mensagens das pessoas que leem os meus livros, nos mais distantes cantos, tenho sempre a preocupação de responder, quase que imediatamente. Ainda que a minha ação não tenha a sistematização dessa reflexão, a minha prática traz em seu bojo esse determinante. Ou seja, a de preservar a presença do outro, para quem, afinal, os livros foram escritos. É dizer que os momentos de isolamento necessários para a elaboração de um livro fossem compensados com essas manifestações de amor. E em que pese, meus primeiros livros terem sido escritos com a presença dos meus filhos, mexendo nas antigas laudas, e, muitas vezes, interrompendo minha atividade, para também *escreverem um pouquinho*. Alguns manuscritos foram escritos em cadernos, em parques infantis, quando os levava para se divertirem, eu escrevia meus originais.

O outro, então se configura de forma real, tornando aquela abstração imaginada de mero leitor, como sendo o outro de presença física palpável. A cada pedido de dedicatória, vejo o olhar dessa pessoa, tentando identificá-la dentre os possíveis leitores imagináveis, no meu campo perceptivo. É identificar a pessoa para quem escrevi letras, linhas e páginas de reflexão. Identifico em cada pessoa o outro, com que me relacionava enquanto escrevia. Na busca da dedicatória está a razão de ser da propagação de ideias feitas, através do livro. Reconheço, também, em cada leitor, ainda que um crítico severo dos meus escritos, uma pessoa que dedicou momentos preciosos de sua vida, para se relacionar comigo, enquanto autor. Leitor e autor, uma relação que se funde numa essência indefinível, que a não própria forma estabelecida, nessa maneira de ser.

Não podemos conceber o outro, e apreendermos a essência de seus sentimentos, a não ser saindo, de alguma maneira, de si, para penetrar em sua subjetividade e sentir, igualmente, aquilo que ele sente. Penetrando no outro, intuitivamente em sua subjetividade, nós o reconhecemos como o outro, e semelhante a mim.

De outra forma, só podemos aceitar e sentir a subjetivação do outro se, em princípio, já o reconheço como sendo precisamente o outro, e semelhante a mim.

Ao reconhecer o outro como semelhante, práticas como tortura, espoliação mercantilista de mão de obra, miséria, fome e tantas outras atrocidades cometidas pelo ser humano aos seus semelhantes, se tornam inconcebíveis. Afinal, aquilo que acontece a semelhante, igualmente ocorre comigo, na projeção do outro, como pessoa. Como semelhante, não posso aceitar esses desatinos, silenciosamente.

Um simples olhar para o que somos, enquanto humanos, e como isso se efetiva, nos dá a dimensão de que jamais nos descobriremos como entes isolados, dentro de uma concha. E que existe cada um por si, de tal e qual maneira, que apenas em determinados contextos circunstanciais, o outro aparecesse em campo perceptivo. Na medida em que percebo o outro como semelhante, mais do que a necessidade de sua presença em minha vida, percebo, igualmente, a magnitude do meu próprio ser. Cada um de nós existe à sua própria maneira, mas jamais podendo prescindir da presença do outro, nem tampouco sendo para si mesmo, como se fôssemos separados de todos os outros.

Somos ligados uns aos outros como filetes de água, conjuntamente formando um grande rio.

O outro, ao ser visto, concebido e percebido como semelhante, faz da minha própria condição, ser o início para uma evolução ainda maior, da minha condição humana.

Nesse sentido, surge a premência das pessoas se conscientizarem da necessidade da criação de relações humanas mais sadias e que apresentem em seu bojo a busca da dignidade humana.

Solidão.

Simplesmente solidão, determinante da condição e necessidade do outro, em nossas vidas. E, certamente, ao adentrarmos cuidadosamente na análise dos aspectos, que envolvem a solidão, estamos abertos não apenas para o entendimento do sofrimento, mas da nossa própria condição de seres solitários.

CAPÍTULO 3

Solidão e tédio existencial

Busca conceitual

Pode-se definir o tédio existencial, como a dolorosa sensação de não estar realizando nossas possibilidades de vida. A sensação de estar parado, num ponto sem saída, sem interesse e sem energia para nada. Aquela dor de ver o tempo passar, enquanto nossa vida continua sempre na mesma, estagnada e sem vibração.

O tédio é inerente ao ser humano. Afinal, nós nunca realizamos a totalidade de nossas possibilidades existenciais. A existência é um vir a ser contínuo, e dela faz parte certa sensação de não estar crescendo o suficiente, de não estar dando, ao ato de viver, toda a dignidade que ele merece. Essa inquietação é inerente à condição humana. Acontece que, algumas vezes, o confronto com essa sensação, de estar parado na vida, e não se estar vivendo as possibilidades a ela inerentes, pode-se tornar demasiadamente doloroso. Então, a pessoa passa a viver o tédio patológico, o tédio neurótico.

A neurose do tédio acontece, quando a pessoa se entrega e nem tenta qualquer ação, para crescer ou criar novos interesses. Está sempre faltando alguma coisa que, de fora, viria magicamente a salvar. Ela não tem mais energia vital para o passo que iria deflagrar outros passos, outra caminhada.

É o caso do adolescente, por exemplo, que acha que só tendo uma bela moto conseguiria a namorada ideal, amigos mais interessantes e, até mesmo, uma vida mais fascinante. Acontece, porém, que os pais não podem comprar a moto. E ele, sem dar nenhum passo na direção da possível namorada, dos possíveis amigos, vê o tempo passar sempre tão rico de possibilidades, enquanto ele fica ali, parado, na beira do caminho.

Como este jovem, milhares de pessoas estão sempre insatisfeitas e sonhando com condições ideias, para vencer e crescer. No tédio, a temporalidade é comprometida. O tempo é sentido como algo, que não se completa. E não existe dimensão de futuro verdadeiro, ou de passado rico de experiências. O presente nada significa.

Vazio, solidão, cansaço de existir. O quadro de muitas pessoas no domingo à tarde, quando a vida, nua e crua, chega e diz olha, *essa é sua vida... Uma vida com um trabalho insatisfatório e insuportável; um casamento que, desde muito tempo, deixou de ter qualquer significado,* e tantos outros quesitos insuportáveis, para se acomodarem em uma única vida. E o tempo passando... No domingo à tarde, a vida, que insiste em nos atordoar com tantos compromissos e afazeres, cessa, repentinamente. E temos então, um confronto direto com nossas dimensões, sem qualquer coisa, que possa atenuar a crueza desse confronto. Na realidade, não é que essa insatisfação não esteja presente em outros momentos, apenas, nessa tarde de domingo, o confronto é inevitável.

O imobilismo de certas vidas vem à tona, principalmente, nas horas mortas de um feriado, de um domingo. O tédio de domingo, à tarde. Parece que o mundo para, dentro e fora de nós. Tudo é aborrecido, entediante. É que estou, forçosamente, em contato comigo mesmo, e sem a proteção da rotina. Então, as zonas adormecidas da minha vida começam a gritar. O que dói, num domingo à tarde, é o fato de eu poder me perceber, ver minha vida se estrangulando, sem qualquer reação minha. Constatar o quanto odeio o trabalho, naquele escritório. Ou, então, que estou em uma relação conjugal, que há muito ruiu. Ou, ainda, que tenho amigos, que não me interessam. E a vida passando, e eu, literalmente, sem estar vivendo.

Esse viver deficitário é que gera o tédio. No casamento, a relação se exauriu, e virou outra coisa diferente, daquela situação de amor, vivida, em outros momentos. O trabalho virou uma coisa insuportável, *me formei em engenharia, e hoje sou caixa de banco. Vivo entre pessoas, com quem não tenho a menor afinidade, e não sei como sair disso tudo.* Tudo isso vem à tona, em contornos específicos de ação. Há pessoas, que estão infelizes no casamento e morrem infelizes, nesse casamento. Outros, odeiam contabilidade e morrem entre balanços e fatura.

A questão do tempo e da temporalidade

Uma correta consciência do tempo é importante, para se vencer o tédio. A consciência de que, o tempo não passa; quem passa somos nós.

O tempo é imutável. A nona lua traz, todos os anos, a mesma Primavera e todas as suas flores, há milênios. O tempo é sempre o mesmo, eu é que passo por seu círculo imutável. E, no entanto, o tempo é utilizado como algo que nos pertence. Tenho muito tempo. O tempo não passa, nós é que estamos passando. Uma constatação, tão óbvia, pode, se bem articulada, apressar nossa busca de outras possibilidades na vida.

E a solidão, corroendo o que ainda resta de dignidade existencial. A própria linha divisória, entre o tédio existencial e a solidão, é bastante tênue. Se o trabalho está insatisfatório, dê os primeiros passos, na transformação dessa realidade. Não é necessário se morrer bancário, ou funcionário público ou qualquer outra atividade, que se odeie, com o risco de total estrangulamento da própria existência.

Se o casamento está entediante, é necessário a transformação desse casamento. Significa dizer, que pode haver muitos casamentos, dentro de um casamento. Quando, aos vinte e poucos anos de idade, uma pessoa casa, traz dentro de si, determinadas inseguranças, diante da vida. Dificuldades afetivas, profissionais, imaturidade sexual, etc. Aos trinta e tantos anos de idade, é outra pessoa, mais madura e mais segura, frente à vida. Aí, ou existe a transformação nessa busca de crescimento, ou, ao contrário, se permanecerem dentro dos parâmetros anteriores, nas mesmas motivações dos vinte e poucos anos de idade, a relação vai ficar desesperadoramente entediante.

Sem ação concreta, não se sai deste aniquilamento existencial, que é o tédio. Se você, em termos emocionais, está explodindo silenciosamente, então é melhor viver, sair da solidão, e do isolamento de outras pessoas. Ir ao encontro das pessoas, tentar novas possibilidades, outros trabalhos, casamentos, ambientes, etc.

Uma questão simplista, ocorre neste momento, que faz com que determinadas pessoas partam em busca de uma transformação existencial, e outras, ao contrário, simplesmente se entregam, diante do tédio. Diz-se que o tempo passa ou escoa. Fala-se do curso do tempo. A água, que vejo passar, se preparou, há alguns dias, em suas nascentes nas montanhas. No presente, ela está diante de mim, ela vai em direção ao mar onde se lançará. Se o tempo é semelhante a um rio, ele escoa do passado em direção ao presente e ao futuro. O presente é a consequência do passado, e o futuro, a consequência do presente[12]. No entanto, uma análise pormenorizada da

[12] Merleau-Ponty, M. Fenomenologia da Percepção. São Paulo: Editora Martins Fontes, 1999.

própria existência indicará que não temos presente, mas, ao ler essas linhas, você já não estará mais no presente, e sim vivendo o passado, em relação aos instantes atrás, em que a leitura se iniciou. Se definirmos o presente como sendo o século XXI, eu mesmo que não estarei vivo em seu final; terei vivido esse presente, até o seu final. Mas, se o presente é o tempo vivido, o simples pensar já é algo, que se iniciou no passado alguns segundos atrás, e terminará no futuro, alguns momentos depois. Ao expressar uma ideia, ela automaticamente já faz parte do passado.

Os acontecimentos são recortados por um observador finito, na totalidade espaço-temporal do mundo objetivo. Mas, se considero este mundo, próprio em minha percepção, só há um único e indivisível mundo, e que está distante da realidade objetiva. A mudança supõe certo posto em que eu me coloco e de onde vejo as coisas desfilarem; não há acontecimento, sem alguém a quem eles advenham, e do qual a perspectiva finita funda sua individualidade. O tempo supõe uma visão sobre o tempo[13].

A vivência aguda da solidão implica na dolorosa sensação de um tempo, que não passa e se arrasta, com minutos se transformando em séculos de exaustão e sofrimento. É o relógio que não anda e destrói com todos os sentimentos de dignidade humana. A solidão da madrugada a torna infinita e com o agravante de ser um período em que o outro, na quase totalidade das vezes, não está disponível para acolhimento de qualquer natureza.

Revendo conceitos de sofrimento psíquico

A peculiaridade, a vivência de cada pessoa determina histórias de vida, que são chamadas indevidamente de doenças psicopatológicas. E que são totalmente diferentes das nosologias descritas por Charcot e Freud, na época que antecede a Primeira Guerra Mundial. Nessa época, os grandes fenômenos histéricos predominavam, entre as neuroses. Em seguida, houve o surgimento e predominância das chamadas neuroses orgânicas. Hoje, ao contrário, se encontra, com uma frequência cada vez maior, um sem número de pessoas, sofrendo *de uma coisa que estrangula o peito; uma opressão vaga; um sentimento absurdo, frente à vida e uma situação total de tédio existencial.* E, na maioria das vezes, essas pessoas sequer apresen-

[13] *Ibidem. Op. cit.*

tam sinais e sintomas de sofrimentos psíquicos, ou mesmo de distúrbios emocionais evidentes. Assim, fica muito difícil o próprio enquadramento desses fenômenos, no quadro geral das entidades nosológicas. Muitas pessoas, inclusive, tentam diante da falta de uma definição mais concreta para o sofrimento, marcar o próprio desespero, seja pelo entorpecimento de drogas, seja por processos de alienação, ou, ainda por outras formas de buscas. Evidentemente, essas buscas não atingem sua finalidade, e as pessoas estão, cada vez mais, se deparando com o *absurdo da própria vida*. Na realidade, ao se buscar nas drogas alívio para as agruras da vida, está se buscando uma forma de destruição, que, de alguma maneira, finde com esse sofrimento representado pela existência.

O teor da alta destrutividade presente em algumas drogas, muitas vezes sequer é mensurável. Indício de que se, em um dado momento se buscava nas drogas um prazer propiciado pelas sensações alcançadas, e até mesmo pela alteração de consciência, o que se tem, na realidade, é o constitutivo de drogas cada vez mais letais. Pois, decididamente, não há como se considerar a inalação de ácido de baterias de automóveis como algo que não seja extremamente lesivo ao organismo. Isso, em que pese o depoimento dos usuários, que afirmam efetivar uma viagem indescritivelmente alucinante. Ou então, o chá obtido a partir da fervura das fitas de VHS, como algo que não seja altamente tóxico ao organismo, ainda que a alteração de consciência seja altamente prazerosa para o usuário. Drogas que, verdadeiramente, trazem em si um componente de destrutividade, que não há contraponto plausível para não se ter na ingestão um componente de autodestruição ímpar.

Apenas encarando projetos possíveis e realmente significativos é que se sai do tédio. Para isso, é preciso energizar a insatisfação presente, em função da construção de algo novo. Tirar energia da insatisfação, por aí se começa a vitória contra o tédio. Assim, o tédio irá funcionar como um sintoma saudável, de uma situação insatisfatória. Permanecer, indefinidamente, nele é que pode torná-lo neurótico.

Sobre os regimes autoritários e democracias neoliberais

Regimes autoritários e muito das sociedades definidas como democracia e que, no entanto, impõe de modo cruel o neoliberalismo, facilitam muito o quietismo, o imobilismo das pessoas. Dificilmente as pessoas ousam dizer não, pois, de maneira convincente, são forjadas, em suas mais profundas subjetividades, a não confrontar a autoridade constituída por mais injusta e amoral que essa possa ser. E a vida passando, morrendo quieta. Principalmente, as sociedades neoliberais, e que se apresentam com o verniz de democracias estimulam esse passar pela vida, de forma resignada, aceitando soluções passivas. As pessoas sequer ousam pensar, na possibilidade de que aquela situação infeliz possa ser transformada, que ela possa ter uma vida mais digna. Ao contrário, o que se vê é muito quietismo, resignação. Aquela eterna ideia de que a vida é assim mesmo. E até a mais dolorosa das formas de resignação: *É vontade de Deus*. Não por acaso, os regimes ditatoriais, e as democracias neoliberais sempre se atrelam, de modo inextricável, às religiões dos países em que implantam sua perversidade governamental. É estimulado, de modo totalmente impune, esse passar pela vida, de forma resignada, aceitando e propondo soluções sempre passivas. As pessoas sequer ousam pensar na possibilidade de que aquela situação infeliz possa ser transformada, que possa ter uma vida mais digna. Ao contrário, o que se propõe, e se vê, é muito quietismo, resignação. Aquela eterna ideia de que *a vida é assim mesmo, tudo bem*.

Os regimes ditatoriais e as democracias neoliberais se enfeixam com as religiões, se tornando um binômio indivisível. A ideia de que o importante não é o sofrimento terreno, e sim, o paraíso pós-morte, faz com que esses governos tenham, nas religiões, um de seus principais sustentáculos, não apenas teológico, mas, principalmente, ideológico. O sofrimento dessa vida com sua brutal exclusão social, que lança tantas pessoas às mais extremadas formas de miséria e humilhação, serão compensadas com o paraíso, depois da morte. Mas apenas e tão somente para aqueles, que superarem tais infortúnios com galhardia e altivez. *Deus é bondade, Deus é amor, Deus é misericórdia* são mantras repetidos à exaustão, para que os fiéis tenham forjado, em sua subjetividade, que o mais importante não são as penúrias enfrentadas nessa vida, e sim o que os espera depois da morte. Desigualdades sociais, injustiças na distribuição de renda, e tantas outras atrocidades sociais, que são impostas por esses governos, são plenamente absorvidas pelos fiéis *como vontade de Deus*.

O neoliberalismo ainda traz, como agravante, o fato de promover a competição entre pessoas, acirrando as desigualdades e criando a falácia do conceito de sucesso, através da meritocracia. Assim, as pessoas precisam competir entre si, para tentarem galgar um lugar de destaque, nesse cenário hipócrita e desumano. E, o pior, tudo é visto como fracasso pessoal. E desde situações de desemprego, até mesmo o sentimento de solidão, tudo passa a ser um problema individual. E o desemprego deixa de ser visto como algo que deriva diretamente da estrutura injusta e cruel dessas sociedades. Na medida em que, até mesmo a solidão, é trazida no bojo dos possíveis fracassos pessoais, a coisa, então, se configura de uma dramaticidade ,sequer dimensionável.

Atualmente, no Brasil, a solidão, o tédio existencial e a angústia são afetadas diretamente pelas condições econômicas e sociais adversas nas quais o país se encontra mergulhado. Existe um pessimismo crescente, nascido da falta de perspectivas; inúmeras pessoas entrando em estados de estresses, fadiga emocional, e, até mesmo, crises nervosas. Isso gera depressão, falta de desejo sexual, e diversas somatizações, como problemas cardiovasculares, dermatites, ulcerações, etc.

Evidentemente, que, em nenhuma circunstância, as condições sócioeconômicas deixam de afetar a pessoa. Mas, em situações críticas de instabilidade sóciopolítica, como a que vivemos no Brasil, esse quadro sofre um grande agravamento.

Uma vez que somos tão permeáveis às influências sociais e vivendo numa sociedade, que, constantemente, nos propõe conflitos de pressões excessivas, até sofrimentos inerentes à condição humana como a solidão, o tédio, angústia, etc, tornam-se opressores, numa dimensão ainda maior.

Em situações de tamanha insegurança social, não há como idealizar um futuro promissor, cultivar projetos altruístas ou se dedicar a obras duradouras. Na verdade, situações sociais tão aversivas nos levam ao questionamento da própria sobrevivência imediata.

As crises econômicas levam as pessoas a uma angústia, que não é existencial, que não nasce da busca de caminhos pessoais, da realização como ser humano. A ansiedade vem da estrutura social, que acachapa e atormenta. E aniquila com os sonhos de uma vida digna, sem opressão e humilhação, ditada pela brutal desigualdade social, imposta pelo neoliberalismo. É, por exemplo, a ansiedade daquele que tem uma profissão com a qual se preparou para enfrentar a vida, e com a qual conta para uma existência digna, para sustentar a família. Em pouco tempo, perde essa segurança, sua profissão, seu passado não são mais garantias. Nessas circunstâncias, tédio, angústia e até mesmo o isolamento social, precisam de uma redefinição, para que não se caia numa mera digressão acadêmica, distante dos fatos e da realidade.

A solidão corrói a alma humana, de maneira impiedosa e contínua. E, ao ser trazido à nossa subjetivação, por essa derivação neoliberal, como sendo algo que acomete, os poucos, que sucumbiram na luta pelo sucesso pessoal e profissional, temos, então, a exibição uma de suas facetas mais perversas. Deixa de ser algo inerente à condição humana, para ser transformada em algo, que acomete apenas os que sucumbiram, nessa sociedade forjada, nessa hipocrisia denominada de meritocracia.

Sobre o sentido de vida

O sentido que damos à vida é o que nos mantém vivos. Ele dá ordem, esperança e força de transformação, para a existência. A vida, enquanto existência única e isolada, não tem sentido. O ser humano busca um sentido de significação próprio, para sua existência, derivando, assim, para as diversas possibilidades de realização e desenvolvimento. Ele existe a partir de suas realizações, não existindo pela sua própria vida isolada do contexto de suas realizações[14]. Se a vida é a busca contínua de sentido, vale a pena sair dessa determinada situação tediosa. A falta de sentido de vida é que nos leva, em última análise, ao suicídio. Tanto o suicídio lento do tédio cotidiano, como aqueles atos fulminantes, em que a morte é instantânea.

Impossível excluir o tédio. Ele não é uma entidade, que vem de fora e se instala em nós. Como você lida com ele, é outra questão. Pode ouvir seus inúmeros avisos, e partir para a ação, ou deixar que ele se instale, como uma neurose, como mera citação. A solidão também não é algo externo, que, num dado momento, chega e se apropria de nós; ela é inerente à condição humana. O seu enfrentamento é que dependerá da peculiaridade de cada um. Algumas pessoas, em contato com a solidão, escrevem um livro. Outras se embebedam, outras buscam contatos inexpressivos e outras, ainda, se jogam de um prédio.

[14] Angerami, V. A. *Existencialismo e Psicoterapia*. São Paulo: Traço Editora, 1984.

Para uns, o tédio existencial vai significar o aniquilamento, a corrosão lenta e doída da própria solidão. Para outros, foi o último aviso, que os levou à libertação e ao crescimento. A importância do outro, nesse processo de crescimento e libertação, é vital para que a própria expressão libertária tenha parâmetros reais, dentro da vida.

Quando escuto comentários a respeito dos adolescentes, de que são entediados, entorpecidos pela droga e que não apresentam responsabilidade frente a vida, a questão parece bastante óbvia. Como não ser entediado, se a própria perspectiva de vida foi totalmente cerceada?! Fala-se muito que o jovem, hoje, é livre. Livre para quê?! Para ter várias namoradas, que por sua vez têm outros tantos namorados?! Aquilo que verdadeiramente traria a verdadeira liberdade, trabalhar no que escolhesse, independência econômica, dignidade existencial, ele não tem. O tédio existencial surge como sendo a única alternativa, diante da total falta de perspectiva de vida. Esse jovem vive, apenas, com aquilo que lhe dão, não tem direito de criticar, de reivindicar. Dos jovens formados nas universidades, raros trabalham na profissão escolhida. Mesmo os que trabalham, na maioria das vezes, costumam passar anos num subemprego. O jovem advogado fica anos num escritório de advocacia, como estagiário. Ou não faz nada. É frequente, um jovem de vinte e poucos anos nunca ter trabalho em uma adolescência, que se prolonga, cada vez mais. Terminou a faculdade e continua numa série interminável de especialização, pós-graduação. Não raro, faz uma faculdade por imposição dos pais, porque mora com eles e não quer perder as mordomias adquiridas, ao longo da vida, quase sempre por sua resignação. Não por idealismo, pelo desejo de se realizar naquela profissão, com a qual pretende dar determinado sentido à sua vida. E, mesmo com esse desejo, não tem a certeza de que seu diploma, o curso ao qual se dedicou, de fato, servirá para alguma coisa. Ou, ainda, que a profissão escolhida tenha condições de garantir uma existência razoável. Pode ser que, diante dessa total falta de perspectiva, arrume um emprego, algo para ganhar, muitas vezes, até um bom salário. Mas isto, seguramente está longe de ser o caminho para uma vida digna. Nestas condições, é praticamente impossível, isolar esse jovem do tédio corrosivo de suas vidas. A solidão se une ao tédio e configura na própria vida, o desespero de uma situação, praticamente, imutável. E, em sequência, uma vida totalmente desprovida de sentido.

Sobre a sexualidade

A participação do outro em nossa vida é determinante do próprio sentido de vida. Consideremos a questão relativa ao sexo. Duas intenções básicas da sexualidade são um agradável alívio de tensão e uma alteração significativa no outro. Sexo parecerá vazio, se o outro não participar intensamente. A simples autogratificação de ascensão e queda da tensão, pode ser altamente decepcionante. Qualquer teoria da sexualidade, que torne unicamente a realidade da potência orgástica o *objeto do instinto sexual*, enquanto o outro, por mais selecionado que seja, não passa de um simples objeto, um meio para alcançar o fim, ignora o desejo erótico, de se tornar significativo para outrem[15].

A frigidez da mulher é, muitas vezes, sua recusa ao homem do triunfo de *proporcionar* satisfação. Sua frigidez é tormento e vitória. Você pode ter seu pênis, sua ereção, seu orgasmo, mas não faz nenhuma diferença para mim. Na verdade, a ereção e orgasmo são aspectos muito limitados na potência, potência sem o poder de impressionar a outrem. O homem impotente, e, analogicamente, a mulher frígida, está muitas vezes decidido a não dar à mulher a satisfação de satisfazê-lo[16].

O ato sexual é uma atividade, que implica, necessariamente, em levar o outro ao prazer. O prazer do outro se volta para o parceiro e, nessa troca contínua de excitação, é que se faz a sexualidade, uma das atividades mais prazerosas vividas pelo ser humano. Não há como, pensar no ato sexual, e o prazer do outro ser desconsiderado.

O fato de nada significar para o outro, no ato sexual, é algo que leva muitas pessoas ao desespero. Condição, também presente no ato de suicídio, em que o desespero sempre é a tônica maior. Nada, nem o tédio, nem a vida e nem mesmo a menor significação para o outro de sua própria existência.

O tédio existencial leva muitas pessoas a um sofrimento em que a própria sintomatologia supera os limites do conhecimento. Quando alguém diz *estou angustiado* é importante esclarecer o que está sentindo. O medo, a depressão, os sintomas físicos – gastrite, tonturas, taquicardias, associados

[15] Laing, R. D. *O Eu e os Outros*. Petrópolis: Editora Vozes, 1982.

[16] *Ibidem. Op. cit.*

ao que essa pessoa identifica como angústia, pode ser a expressão ao temor do futuro, da falta de perspectiva. E da sensação de estar sendo aniquilada pela vida, do desinteresse generalizado, da incapacidade de enfrentar a morte, tudo isso junto.

Angústia existencial é o sentimento de dúvida diante da vida, diante da não realização de uma série de possibilidades, diante da condição de ser livre e responsável pelos próprios atos. Um exemplo, reflito sobre o pobre, sobre as condições precárias de muitos trabalhadores. Fico angustiado, por ser uma pessoa privilegiada, que não passando pelas mesmas dificuldades e necessidades, se omite, diante desse estado de coisas. É comum, frente a uma situação angustiante, como essa, achar que é mais saudável pensar em outra coisa, enfim cuidar da própria vida, uma vez que, em sua subjetividade, muitas pessoas veem como muito difícil qualquer ação que implique contestação ao poder constituído.

No tocante a área da sexualidade, o fato de se ter consciência de possíveis dificuldades, seja ereção, ejaculação precoce, frigidez, vaginismo, etc., o ato sexual sempre será revestido de tantos desatinos emocionais, que o prazer presente de maneira geral nessa atividade se esvai. É como se, a cada ato sexual, houvesse a necessidade de uma superação ímpar, para que a sexualidade e a presença do outro sejam, ao menos, algo digno dessa denominação.

Sobre a morte

Embora possa parecer uma grande e inextricável contradição, mas vive melhor quem traz a morte para a vida. Mas, não como os heideggerianos insistem em afirmar, a morte fazendo parte da vida. As ideias de Heidegger direcionam para a afirmação de que o homem é um *ser para a morte*. A morte seria assim, parte indivisível da vida. Essa visão afirma que começamos a morrer, no instante em que nascemos. Da mesma maneira que uma criança que acabou de nascer já está morrendo, um ancião de cem anos, que se encontra em seu leito mortuário, também está vivendo. A ótica heideggeriana, embora escrita sob a égide da filosofia existencialista, se mostra em harmonia com a visão trazida pelas religiões. Até mesmo o conceito evocado pela visão heideggeriana coloca o medo do desconhecido como maior temor humano. E o maior desconhecido lançado ao homem, é a possibilidade cotidiana da morte. Na medida em que a morte é coloca como parte integrante da vida, o que temos, segundo essa visão, é, necessariamente, a busca por uma integração da morte como parte indivisível da vida. Se para Heidegger o homem é um *ser para a morte*, ou seja, é alguém cuja determinação e sentido é a morte, propõe a aceitação desse fim como parte da busca por uma vida plena, na qual vida e morte se harmonizem, indissoluvelmente[17].

A morte, na realidade, não pode fazer parte da vida de maneira indivisível. O homem jamais é um ser para a morte, pois, simplesmente, a morte acaba com a vida, e esta não pode, dessa maneira, fazer parte de algo que a destrói. A morte coloca fim à vida. Acaba com todos os sonhos e projetos de uma vida. Ela não pode fazer parte da vida, uma vez que ela fulmina com a vida, inapelavelmente. A morte destrói todos os lampejos que circundam a vida, por isso, quando ocorre, ela é soberana. Ela lança por terra tudo que fizer parte da vida[18].

Trazer a morte para a vida significa a consciência de que seu surgimento aniquila com a vida. A morte simplesmente é o fim da vida, e não pode, dessa maneira, fazer parte da vida. Somente assim se vive plenamente, com a consciência dos próprios atos. Por mais que se marquem compromissos para daqui a uma semana, programe férias, ou faça dívidas para pagar no próximo ano, ninguém pode ter certeza de estar vivo, a não ser hoje. A morte existe e põe fim à vida de modo inextricável, irreversível. Com essa consciência se poderá realizar o maior número de possibilidades. Abre-se ao outro, ao mesmo tempo, em que se perde o apego irracional aos bens materiais. Morte como uma forma solitária de presença imaterial. Situação em que a solidão finda, na condição humana, de modo totalitário e igualmente irreversível. A existência humana é um hiato de solidão entre a vida e a morte[19]. Essa definição por si contempla a morte como terminando com a vida e, consequentemente, com tudo que a circunda.

Pessoas que passaram por uma crise, doença grave, muitas vezes adquirem tal consciência, passando a viver de maneira diferente, cada

[17] Angerami, V. A. *O Corpo Câncer* in *O Câncer Diante da Psicologia. Uma Visão Interdisciplinar,* Angerami, V. A.; Gaspar, K. C. orgs. São Paulo: Pearson, 2016.

[18] *Ibidem. Op. cit.*

[19] *El Ser Y La Nada. Op. cit.*

minuto. A morte tem a condição de terminar a existência, o fim de devaneios, planos e ilusões. A morte é a ocorrência mais concreta da existência humana, determinando, muitas vezes, a condição de absurdidade da vida.

A transparência dos fatos e a própria dimensão do ato de morrer, ao serem trazidas à consciência, determinam o esteio sobre o qual a vida é sedimentada. Numa simples projeção, para se ter ideia do alcance desse posicionamento, é praticamente impossível pensar de que forma seria a existência, sem sua aniquilação pela morte. Se não existisse a possibilidade de morrer, então, seguramente, teríamos que conceber uma forma de existência seque tangível pela razão e, portanto, pela não razão[20].

Na nossa sociedade, houve uma inversão de valores. As pessoas não são valorizadas por aquilo que são, mas pelo que possuem. O ideal seria, que cada um fosse valorizado pelas suas ações, caráter e dignidade, pelo que tem de pessoal e inimitável. O que faço, ninguém pode fazer exatamente igual, cada um é inimitável, insubstituível e, por isso, a cada um cabe procurar o sentido de sua própria vida.

Dizer que cada dia deveria ser vivido como se fosse o último, pode parecer uma postura pessimista. Mas, é justamente o contrário. É a partir do momento em que assumo, que a vida pode findar abruptamente pela morte, que passo a viver plenamente.

A liberdade dos próprios atos

Se cada um parasse e refletisse sobre si mesmo, e o mundo que o cerca, perceberia até que ponto é responsável por seus atos. Muitas vezes se brinca com essa responsabilidade dizendo, quem sabe, talvez amanhã, depois, no mês que vem, etc. Quando assumo minha responsabilidade, ao dizer não, é não mesmo. Conscientemente, fechei aquela possibilidade. E não serei uma daquelas pessoas que diz: *apareça lá em casa, dia destes, para tomar um café*, quando não estou nem pensando em rever aquela pessoa. Ou não vou dizer nada, ou serei claro: *vamos tomar um café na próxima semana, ou em casa, em algum lugar, a combinarmos*. Dessa maneira, estarei

[20] Angerami, V. A. *Psicoterapia Existencial. Noções Básicas*. Belo Horizonte: Artesã, 2017.

me tornando o verdadeiro dono dos meus atos, sem jogar a responsabilidade para o outro, ou para o acaso. Eu assumo. O contrário, é ir ao encontro ao tédio, por não estar realizando quase nenhuma das possibilidades inerentes à existência. O lado positivo da angústia é, portanto, abrir possibilidade de tomar consciência da própria condição humana, de ser livre, com inúmeras possibilidades pela frente. É a liberdade, que nos faz diferentes das outras espécies, dos outros seres, que vivem em seu habitat natural, enquanto o homem constrói o seu mundo. Na medida em que é livre, tem que assumir a totalidade de seus atos.

O homem é angústia. Significa que está ligado por um compromisso e dá conta de que não é apenas o que escolhe ser, mas que é também legislador, pronto a escolher; ao mesmo tempo, que a si próprio, a humanidade inteira não poderia escapar ao sentimento de sua total e profunda responsabilidade[21]. Alguém poderá dizer: *Como livre, se vivo num sistema econômico e em condições políticas opressivas?* Não se pode esquecer que, por trás de qualquer opressão, sistema sociopolítico, espoliação mercantilista, existem homens, sempre homens. Quando se diz *tal fato é culpa do sistema*, como se sistemas e sociedades fossem entidades cósmicas e não mantidas e criadas por homens, está deixando de lado, inclusive, a possibilidade de participação, ou omissão consciente, na estrutura desses sistemas e sociedades. Um exemplo, tenho filhos e fico emocionalmente arrasado, quando vejo outras crianças como eles, vivendo em condições precárias. Sozinho eu não vou acabar com a miséria de todas essas crianças. Mas, dentro de minhas possibilidades, posso optar pelo meu caminho, visando esse objetivo. Liberto-me da angústia, pela ação.

A decodificação da angústia não pode ser derivada para um plano estritamente pessoal. A própria configuração do tédio existencial e da solidão não permite esse isolamento. Não se trata de negar o individual, mas, apenas, dimensionar, porque diferentes pessoas se angustiam com coisas diferentes. Mas, é igualmente limitador, isolar a pessoa do contexto social, porque somos seres sociais. Qualquer explicação, que exclua a pessoa ou o contexto social será, no mínimo, incompleta. O homem é, não apenas como ele se concebe, mas como ele quer que seja, como ele se concebe depois da existência, como ele se deseja, após este impulso

[21] Sartre, J. P. *O Existencialismo é um Humanismo*. Lisboa: Editorial Presença, 1970.

para a existência. O homem não é mais do que aquilo que ele faz[22]. E, na medida em que as estruturas sociais são sedimentadas e determinadas pelo homem, essa asserção individual é igualmente verdadeira, em termos sociais.

Vamos tomar o exemplo de uma relação conjugal, sufocante para uma mulher. Ela pode tentar resolver sua angústia se acomodando, modificando a relação ou saindo dela. Essas serão tentativas de resolver sua situação pessoal. Mas, a partir da angústia, pode adquirir maior consciência de sua condição feminina e passar a lutar por condições menos sufocantes, para todas as outras mulheres, num contexto social mais amplo.

Qualquer pessoa poderá achar inúmeros exemplos, que mostram que todo aquele que se detém, para refletir sobre sua vida, possibilidades, descobre que a angústia é inevitável. Mas ela se torna saudável, quando passa a ter consciência de que a vida é repleta de situações como a morte, a solidão, o tédio, que nos levam ao sofrimento. Na medida em que tomo consciência desses problemas, desses fatores que cerceiam minha vida, possa dar a ela outra conotação. Como Sartre asseverou, o homem está condenado a ser livre. Condenado, porque não criou a si próprio, e, no entanto, livre, porque, uma vez lançado ao mundo, é responsável por tudo quanto fizer[23].

Dessa maneira, tenho que assumir que a vida é um conjunto infindável de sofrimento e que a partir da minha conduta, da minha situação, posso transformar essas situações ruins em momentos prazerosos. Posso lidar melhor com a perspectiva abrupta da morte, com minha emoção e assim por diante.

A angústia, o tédio existencial e a solidão dominam as pessoas, quando se adquire a consciência do que a vida, de fato, é. Quando se adquire a consciência da liberdade, porque assumir a responsabilidade, pela totalidade dos próprios atos, é muito difícil. Vivemos em uma sociedade em que o outro é sempre responsabilizado pelos nossos atos. Entre a maioria dos casais que se separam, o cônjuge, que fala, nunca é responsável pela separação. E, sim, o outro; o que está falando é a vítima,

[22] *Ibidem. Op. cit.*

[23] *Ibidem. Op. cit.*

quem sofreu todas as espoliações. Converse com o sócio que terminou uma sociedade; e o responsável pela dissolução, pelos erros é sempre o outro. Quando temos que assumir a responsabilidade por nossos próprios atos, a coisa se complica, porque já aprendemos a responsabilizar o outro pelos nossos fracassos.

Pessoas eternamente entediadas e angustiadas

Existem também, pessoas eternamente entediadas, angustiadas. Ora a fonte de sofrimento são as prestações da casa, ora o vestibular do filho, e ora, ainda, a viagem do cônjuge e assim por diante. Nesse caso, o que parece presente é um sério comprometimento emocional. Sentimentos enraizados são apenas deslocados de uma situação específica para outra. Não se trata, então, daquela angústia inerente à condição humana, mas do desperdício da chance única de viver. Se essas amarras existenciais não forem cortadas, não se vai ao encontro de horizonte nenhum.

Problemas que cerceiam nossa existência, não faltam em nossa contemporaneidade. A sociedade em que vivemos tem tudo para aniquilar a pessoa, em todos os níveis, sexual, afetivo, profissional. Ou nos libertamos dessas condições, ou aceitamos o estrangulamento e nos entediamos de uma vez, diante desse aniquilamento existencial. E passamos a fazer parte também, daquele grupo de pessoas, em que a queixa generalizada, é a única perspectiva. O fato de a sociedade ser estruturada dessa forma, não significa que seja preciso aceitar todas as suas imposições. Cada um pode procurar sua própria dignidade, apesar do contexto social.

De outra parte, a definição precisa do que é dignidade existencial, dependerá de cada um. A partir de uma reflexão sobre a existência é que surgirá o parâmetro daquilo que é a condição ideal de uma vida plena.

E aqui reside um grande ponto de atritos entre as pessoas, ou seja, deliberarem para o outro, aquilo que determinaram para si. Dizer, que aquilo que resolvo para mim, igualmente, determino para a vida do outro, é algo tão presente na cotidianidade que, entretanto, significa o total aniquilamento do outro, em sua subjetividade.

No momento em que faço essa reflexão, tenho ao fundo uma das minhas peças favoritas de Debussy, a estupendamente maravilhosa La Plus Que Lente. E, recentemente, tive um episódio envolvendo essa música, que ilustra, de modo único, essas colocações. Habituados a lerem meus textos, em que sempre cito Debussy, alguns leitores se interessaram em conhecer algo sobre esse compositor. Então, escolhi essa música, em sua versão pianística, concepção original, apesar das tantas variações que se fez sobre ela, piano e violino, harpa e orquestra, orquestra de cordas, etc. Esses alunos, acostumados apenas a ouvir a chamada música sertaneja universitária, não conseguiram ouvi-la, até o final. Ou seja, algo que escolhi para mim, como sendo uma das maiores referências, no universo da música clássica, não foi tolerada por eles. Na citação de Saramago, o trabalho de convencer o outro é uma falta de respeito, uma tentativa de colonização do outro[24]. E assim outras tantas coisas da vida, em que o outro, simplesmente, não tem como ter nossa concepção de valores.

Em muitas situações de vida, muitas vezes, sentimos a angústia se tornar tão sufocante, tão oprimente, que nos leva à conclusão de que, se não houver uma mudança radical, a vida se tornará algo desesperador.

Não é raro uma pessoa aceitar uma situação de vida, um casamento ou trabalho que abomina, por achar que não será capaz de mudar essas condições, o que exigirá mudanças muito drásticas, muito longe do seu alcance, de suas formas.

Desprezamos as pequenas coisas. O grande rio que atravessa vales, planícies e montanhas e se despeja no mar, é um conjunto de filetes de água. O maior dos livros foi escrito letra por letra, palavra por palavra, página por página. A mais inextricável das florestas cresceu semente por semente, árvore por árvores, na sua própria dimensão. Pedra por pedra, parede por parede, erguem os grandes monumentos[25]. É o conjunto das pequenas coisas, que gera as grandes realizações. O importante é que o primeiro metro de estrada percorrida, já muda a perspectiva, porque permite ver a projeção de futuro, por outro ângulo.

O número cada vez maior, de pessoas, que se queixam da vida vazia e do tédio de suas existências, faz prever que, em breve, esse será um dos principais sintomas sobre os quais os profissionais de saúde terão de se debruçar.

[24] Essa citação de José Saramago foi extraída de um diálogo com um querido aluno, Bruno Gonçalves.

[25] Angerami, V. A. *Breve Reflexão Sobre as Atitudes do Profissional da Saúde Diante da Doença e do Doente* in *Psicossomática e Suas Interfaces. O lado Silencioso do Adoecimento*, Angerami, V.A., org. São Paulo: Cengage Learning, 2013.

O tédio existencial está a exigir uma definição mais precisa, sobre sua ocorrência. Somente assim, o paciente poderá ser compreendido, de uma forma mais abrangente. O desprezo ao sofrimento, provocado pelo tédio, é tão insólito quanto a negação de sua ocorrência. E na medida em que até a própria identidade tem sua configuração na nossa relação com o outro, a questão do tédio ganha contornos ainda mais imprevisíveis. Além do mais, não podemos fazer um relato fiel de uma pessoa, sem falar do seu relacionamento com o outro. Mesmo com a apreciação de uma só pessoa, não se pode esquecer, que cada qual está sempre agindo sobre o outro e sofrendo a ação do outro.

Uma mulher não pode ser mãe, sem ter filhos. Precisa de um filho, que lhe dê a identidade materna. Um homem precisa de esposa, para ser marido. Um amante sem amada é um pseudoamante; tragédia ou comédia, segundo o ponto de visto escolhido. Todas as identidades exigem a presença do outro, alguém em que, e através de cujo relacionamento, a própria identidade é efetivada. Todo relacionamento implica numa definição do eu pelo outro, e do outro pelo eu. A identidade da pessoa não pode ser completamente abstraída de sua identidade para o outro; de sua identidade para si; da identidade que o outro lhe atribui; da identidade que ela atribui ao outro; da identidade ou identidades que julga que lhe atribuem, ou que pensa que eles pensam que ela pensa que eles pensam[26].

Ocorre, muitas vezes, que a pessoa simplesmente existe, não tendo uma força realmente vital, que possa transformá-la de maneira significativa. Situações existem em que a pessoa precisa se libertar de seu confinamento existencial, imposto por sentimentos inerentes à sua própria condição humana. É aquela eterna situação de um sofrimento cáustico, que chega até mesmo às raias da incompreensão. Ou, ainda, no depoimento de uma paciente: *Minha vida é um grande vazio. Quando ele me penetra, tenho a sensação que o seu pênis penetra não apenas a minha vagina, mas um buraco que passa pela vagina, pela alma e vai até o infinito. E quando alguém me olha na rua tenho a impressão que está olhando a dimensão desse vazio que é a minha vida. Tudo é igual. As pessoas, os objetos, o tempo, a vida. Tudo é desesperadoramente vazio. E pensar que esse desespero, esse vazio*

[26] *O Eu e os Outros. Op. cit.*

é interminável é algo que me assusta. O peito para estrangular o coração; tenho a sensação que essa coisa vai me engolir.

Esse depoimento, certamente, abarca uma realidade existencial, vivida por um sem número de pessoas, na atualidade. A sensação de vazio é algo que, praticamente, faz parte do mundo contemporâneo. E, como vimos, anteriormente, na mesma proporção em que crescem os avanços tecnológicos, esse vazio existencial abarca e corrói uma imensa quantidade de pessoas.

A música e o tédio existencial

O conflito do tédio existencial na condição humana é retratado magnificamente no Concerto Para Piano nº 24 em Dó Menor, para piano e orquestra. Temos uma das peças de grande envergadura de Mozart. E que o colocam em patamar único, na história da música. Ele compôs 27 concertos para piano e orquestra, mas são considerados perfeitos, por sua magnitude e beleza, os que se incluem do nº 20 ao 26. Em sua defesa, podemos apenas citar, que algumas peças foram feitas a partir de encomenda, o que impôs simplicidade em sua composição. Muitos deles são gravados, hoje em dia, apenas por serem de Mozart. E mesmo o de nº 27, o último da série, é uma peça simples, que fica difícil a comparação com os imediatamente anteriores.

Em seus concertos, principalmente aqueles escritos para piano e orquestra, Mozart paira soberbamente sobre os demais autores. Na maioria de seus concertos, a atmosfera é colorida, luminosa, cálida, de sonoridade e ritmo cintilantes. Indescritivelmente, maravilhosos. No Concerto nº 24 em Dó Menor, entretanto, o lirismo e a própria harmonia estão sobrecarregados em nuanças sombrias de insatisfação e ondas de emoção contidas. Este caráter trágico e sombrio do Concerto em Dó Menor se faz presente, de maneira bastante evidenciada, logo na introdução orquestral; um tema sombrio nas cordas com pungentes interpolações melódicas dos sopros de madeira, na forma de acordes súbitos. O segundo tema, acirrado pelas cordas, é elegia da alma.

O piano na sequência se apresenta com um solilóquio curto e terno. Triste e com a condição de espelhar a dor de um coração dilacerado. Em seguida, os dois temas reaparecem entrelaçados em alternâncias e variações, simplesmente magníficas. E, no desenvolvimento a tragédia desabrocha e cresce, poderosamente.

O movimento lento desse Concerto é um *larghetto*, na forma de rondó, e começa com uma canção doce e suave a três vozes, executadas pelas cordas. E, assim como o primeiro movimento, conserva este estado de espírito contido, introversivo, em que a introspecção é determinada pela doce melodia da abertura, repetida, novamente.

O movimento final é um *allegretto*, e, ao contrário dos anteriores, é otimista e tempestuoso. A alma que sofre e queixa, em meio a tormentos e turbulências, se levanta orgulhosa e vitoriosa. Um tema se apresentada misturado pelas cordas e pelo piano, e a própria vida entediada ganha nova cor e dimensão, ao se transformar no arrebatamento do vigor desse novo entrelaçamento temático.

Já expus esse concerto para discussão e apreciação, por diversas vezes. Em algumas ocasiões, a discussão era precedida pela análise acima descrita. Em outros momentos, deixava ao grupo a descrição perceptiva da obra, e, de modo bastante interessante, qualquer que fosse a exposição escolhida, os resultados sempre se assemelhavam. O que significa dizer, que o expressionismo contido nesse Concerto é algo que transita da dor para o arrebatamento. Do sofrimento ao sublime. E, acima de tudo, da tristeza para a alegria, transformada em cor pelos temas e acordes do último movimento.

E assim também é a própria vida, ao se transformar para superar o tédio existencial sufocante. E se tornar a essência de luz e cor, na superação do próprio sofrimento.

Vidas corroídas pelo tédio existencial

Tédio, miséria, solidão e espoliação mercantilista. Drogas e alcoolismo. Fome e torturas. A exploração do homem pelo próprio homem. Tantos fatores de desagregação estão a exigir não apenas a transformação da própria vida, como o surgimento de uma nova condição humana. Digna e prazerosa. Em que o tédio e a solidão sejam figuras poéticas e não espectros tão destrutivos, como vemos, atualmente.

E, no entanto, surpreendentemente, é no rol das pessoas que mobilizam e fascinam milhares de pessoas em torno de si, que encontraremos os exemplos mais estupefantes, de corrosão da própria vida.

Tomemos, inicialmente, o exemplo de Janis Joplin, a cantora dos anos 60, do século passado, que eletrizava milhares de jovens com suas canções de amor e protesto. Ela dizia, que, quando estava no palco cantando, tinha a sensação de estar fazendo amor, com cinquenta mil pessoas. E que, no entanto, quando chegava aos camarins se deparava com a dimensão de sua realidade, uma solidão insuportável e que era agravada com a multidão que gravitava em seu entorno.

Janis Joplin morreu através de ingestão excessiva de drogas. E drogados, também, morreram Elvis Presley, celebre cantor de rock and roll, nas décadas 50 e 60 (séc. XX)... morreu Jimy Hendrix, igualmente ídolo da guitarra, nos mesmos períodos. Como de overdose morreu Brian Jones, guitarrista da banda de rock inglesa The Rolling Stones. Ainda de ingestão excessiva de drogas temos, também, a cantora Elis Regina, um dos maiores ícones de nossa música popular. E a cantora Cássia Eller, cuja morte foi envolta em suspeitas de ingestão excessiva de drogas, apesar dos laudos periciais, após a necropsia, desmentirem essa versão.

E, se fossemos arrolar, nesse trabalho, a totalidade dos grandes ídolos vitimados por ingestão excessiva de drogas, teríamos, então, não um apêndice ilustrativo sobre o tédio existencial, mas, sim, um compêndio de milhares de páginas, sobre pessoas corroídas pela própria existência.

E, sem casos como o de Michael Jackson, que morreu por ingestão de comprimidos, embora não tenha sido esclarecido se foi por deliberação própria, ou por, na ingestão de medicamentos, em diversos tratamentos, a que era submetido.

Todos expoentes máximos, no universo da música, dita popular, igualmente se corroeram pelo tédio, que aniquilou todas as possibilidades de uma existência digna.

Outro exemplo, bastante significativo, de pessoa, que era constantemente cercada de fãs e admiradores, que não suportou o tédio da própria existência é Marilyn Monroe, um dos maiores símbolos do cinema mundial. No auge de sua carreira, quando era considerada a maior símbolo sexual dos Estados Unidos, Marilyn confidenciou a um amigo, que de nada adiantava ser adorada por milhares de pessoas, se, num sábado à noite, simplesmente, não tinha com quem conversar. Marilyn Monroe morreu, através de ingestão excessiva de drogas.

É como se o tédio existencial permitisse que certas pessoas conquistassem o coração de milhares de pessoas para, em seguida, mostrar a dimensão real de sua fúria arrasadora. Ironicamente, esses ídolos são invejados, idolatrados, amados, e, na maioria das vezes, mitificados pela multidão de fãs e admiradores. Até mesmo suas condições de vida, a forma como é mostrada ao público, é alvo constante de admiração e servem de parâmetro, para um sem número de pessoas. Nem mesmo a privilegiada situação econômica, que diferencia esses ídolos, é capaz de trazer algum alívio, diante do sofrimento provocado pelo tédio.

A própria busca das drogas mostra a necessidade das pessoas entorpecerem a consciência, para suportar as adversidades da existência.

O uso contínuo de drogas mostra, que aquilo que, inicialmente, era busca de um prazer desvinculado do cotidiano, se torna a própria razão da vida.

Uma simples análise do teor das drogas utilizadas, nas últimas décadas, nos mostra a busca e a essência nessa alteração de consciência.

Da década de 60 do século passado, aos nossos dias

Na década de 60, do século passado, em termos mundiais, com reflexos até mesmo nos chamados países do bloco socialista, os jovens consumiam, predominantemente, maconha e LSD, uma das formas encontradas de ácido lisérgico.

A maconha com seu efeito tranquilizante e o LSD com suas manifestações estrondosamente bombásticas. O ácido provoca uma alteração de consciência de efeitos imprevisíveis. Assim, uma pessoa, ao ingeri-lo, pode ter a percepção de que os móveis existentes, ao redor, estão se movimentando; prédios se incendeiam, objetos se transformam em gigantescos animais, etc. É a própria transformação do mundo estático, em algo indefinível. É o indício maior de que as coisas, os objetos, o mundo em si, necessita de transformação. Há, inclusive, muitas pessoas que após, a alteração de consciência provocada pelo ácido, não conseguem mais, voltar ao estado anterior de consciência.

A própria definição, do que seja uma consciência alterada, pede uma nova conceituação de normalidade. Normal é aquela pessoa, que vive sem alteração de consciência, num mundo de violência, de total desrespeito à condição humana, representada em suas manifestações de miséria, fome, escravidão, poluição, ameaças nucleares, catástrofes ecológicas?! Ou normal é aquele que, diante de tanta violência e atrocidades institucionalizadas, altera o sentido de sua consciência, muitas vezes até escolhendo determinadas patologias mentais, para ter uma percepção do mundo, no mínimo, mais suportável?! Seguramente, a resposta exata para esse tipo de questionamento, longe de ser uma asserção existencial é, antes, uma polêmica, que nos leva a uma total redefinição do próprio sentido da vida. E, se acrescentarmos ainda, figuras como Aldous Huxley, seguramente um dos maiores escritores de todos os tempos, que escrevia sob o efeito de LSD, temos, então, uma questão muito controversa.

Nos idos anos 60, viveu uma geração marcada pelos movimentos hippies e beatniks; uma geração que lutava pela paz, pela vida, pelo amor. Clamava e exigia um mundo novo, sem bombas atômicas, sem guerras e sem ameaças nucleares. Era uma geração que, diante do inconformismo de uma situação caótica, pegava, inclusive, em armas para a transformação do mundo. Foi nesse período, que houve o surgimento do maior número de grupos guerrilheiros, que lutavam pela derrubada de governos ditatoriais. Um sem número de jovens, que, por meio da luta armada, tentou transformar o cenário cinza da violência institucionalizada, pelos mais distantes cantos do universo.

Consumiam drogas, que transformavam o próprio mundo, através da alteração da consciência. Era, basicamente, a forma encontrada para a reinvidicação de uma vida mais digna, sem ódio. E onde as flores e o amor pudessem se mostrar soberanos, diante das atrocidades das guerras, da violência e das injustiças sociais.

Desde os anos 80, até os nossos dias, temos uma geração, que ainda consome grande quantidade de maconha. Mas a droga, que marca a contemporaneidade, é a cocaína.

Então, temos gerações e mais gerações conformistas, resignadas com as atrocidades sociais e levadas a um total estado de quietismo, frente a perda de liberdade existencial; não poderia ter outro lenitivo, que não a cocaína,

A ingestão de cocaína provoca uma acentuada sensação de bem-estar emocional. As pessoas, após a ingestão da droga, se sentem confiantes e capazes de realizar determinadas empreitadas que, sem o efeito da droga, seriam impossíveis, até mesmo de serem projetadas. É por essa razão, que um número, cada vez maior de executivos, jornalistas, empresários, médicos, profissionais liberais, etc, se utilizam, frequentemente, de cocaína. A droga faz com que a consciência se altere, sem, no entanto, transformar o mundo, ainda que no campo do imaginário. As pessoas se sentem bem em um mundo desolador. As diferenças sociais, as atrocidades cometidas contra a dignidade humana, a violência, o ódio, o desamor se tornam fragmentos inócuos, diante da sensação de bem-estar experenciado, após a ingestão de drogas.

E, na realidade, aumentando continuamente a quantidade de tóxicos ingerida, os viciados vivem quase que constantemente, sob seu efeito. Antes mesmo que passe a sensação provocada pela primeira dose, eles tomam uma segunda, para evitar a depressão causada pela ausência do narcótico no corpo. Ainda sob o efeito da primeira dose, o viciado pode cometer com facilidade um erro de cálculo da quantidade do narcótico, que vai ingerir[27]. Ele pode, ainda, tomar uma dose mais elevada, conscientemente, pensando que, com isso, aumentará o intervalo entre uma dose e outra. Se, durante o tempo em que tomar drogas, o viciado nunca cometer nenhum desses erros, o toxico o acabará matando de outra forma, pois, seu organismo irá se debilitar aos poucos, pelo uso de entorpecentes e pela má alimentação, já que, quase todos os tóxicos, provocam a diminuição do apetite. E, sequencialmente, ataca a baixa imunidade, que o debilita para o enfrentamento de doenças[28].

A despeito do argumento de que se trata de uma droga caríssima, e, portanto inacessível à grande maioria das pessoas, vale o fato de que a adulteração sofrida, durante o seu processo de refinação e tratamento, com a mistura de substâncias, como talco, pó de mármores, leite em pó, cimento, que permitem o barateamento de seu custo final. Assim, todos têm acesso ao *maravilhoso pó branco*. Uns, na sua forma pura, outros em apresentações adulteradas. E sem dizer que o crack, uma das drogas presentes, na realidade das grandes cidades, é feita a partir de resíduos da elaboração da cocaína.

Diante da forma cáustica do mundo contemporâneo, parece até que a cocaína é a única maneira encontrada, por um sem número de pessoas, de encontrar alívio, diante dos desatinos existenciais.

[27] Souza, P. *Society Cocaína*. São Paulo: Traço Editora, 1982

[28] Angerami, V. A. *A Psicoterapia Diante da Drogadicção*. São Paulo: Cengage Learning, 2005.

Diante da angústia provocada pelas injustiças sociais, ao invés de uma reação, cocaína. E tudo se transforma! Ao menos na percepção da pessoa, sob o efeito da droga.

Diante da solidão dilacerante, provocada pela ausência do outro, ao invés de uma ação de busca existencial, cocaína. E a própria vida, ao menos naqueles momentos da ingestão, se transforma.

Diante do vazio existencial, daquela situação dolorosa de ver o tempo passar e não conseguir viver a totalidade das possibilidades existenciais, ao invés de uma transformação libertária, cocaína. E o redimensionamento dos fatos se mistura ao efeito da droga.

Diante da absurdidade da existência, ao invés da busca de um sentido de vida com significado, a partir de realizações dignificantes, cocaína. E o absurdo é tolerável e, até mesmo, prazeroso. A resignação dessas gerações não aceita transformações por pequenas que sejam; gerações que buscam sensações, em breves momentos de bem-estar. É preciso aceitar a indissolubilidade do quietismo de um mundo que sofre.

Cocaína. Nada mais.

A resignação faz da cocaína a droga do vazio e do absurdo, em que tudo é feito sem o menor questionamento do que seja uma vida sem o efeito do *maravilhoso pó branco,* que pulveriza, não apenas sonhos e ilusões, como também sentimentos de inconformismos, diante das atrocidades existenciais.

As chamadas overdose de cocaína, são cada vez mais frequentes, levando consigo não apenas vidas, que buscavam um sentido colorido para suas existências. Mas, também a esperança de todos, que esperam uma transformação interior das pessoas, rumo à construção de uma vida mais digna.

Se o tédio existencial impõe às pessoas o uso contínuo das mais variadas drogas, e aqui podemos incluir desde o álcool até a diversidade de outras drogas, citadas acima, tudo nos leva a crer que, em futuro próximo, iremos ensinar aos nossos filhos, que o suicídio é a melhor alternativa, diante dos desatinos existenciais.

Existe a necessidade premente de transformação dessa realidade, em que até mesmo as relações prazerosas de sexo são consideradas letais, com o espectro da AIDS, cerceando momentos de orgasmo. Não podemos assistir passivos a vitória do entorpecimento, propiciada pelas mais diferentes drogas.

As drogas proporcionam prazer e morte. Bem-estar e dor. Alívio e sofrimento físico. E, isso tudo, sem fazermos referência à possibilidade da aquisição do vírus da AIDS, através do uso de seringas contaminadas.

Vivemos a era do tédio e do vazio existencial. Dessa maneira, não há como esperar uma transformação, verdadeiramente libertária, se não houver a própria transformação subjetiva, em direção aos verdadeiros valores de dignidade humana. Não há como suportar tantas atrocidades sociais e desatinos existenciais, se não ocorrer uma transformação no sentido, como vimos anteriormente, de reconhecer o outro como semelhante. Somente assim o tédio existencial deixará de ceifar e dizimar tantas vidas humanas.

Do contrário, assistiremos as drogas triunfarem soberbamente, diante dos olhares atônitos de todos, que desejam uma vida mais digna e alvissareira.

Souza[29] cita uma balada escrita por publicitários estadunidense, por ocasião das mortes de Jimy Hendrix e Janis Joplin, que ilustra, de forma única, essa questão do cenário das drogas. Eis sua íntegra:

Estamos chorando por eles. Jimy Hendrix, de 24 anos, gênio da guitarra.
Morto por drogas. Janis Joplin, 26 anos, estrela do soul. Morta por drogas.
Somos uma empresa ligada intimamente à comunicação
Para Jimy e Janis seríamos um punhado de cifras, alienado e sem calor.
Uma realidade da qual fugiriam para o mundo mágico que criaram.
De onde saem, então, as lágrimas que choramos por eles? Saem de todos nós.
Da juventude que nos cerca. E que amamos.
Porque eles são um sopro de vida no cansaço do mundo.
Porque eles são cores, vida, amor, liberdade.
Porque o mundo só é rico no coração dos jovens.
Por isso, além de nossas lágrimas, estamos colocando nossa arma.
O anúncio, a serviço de todos os Jimys e Janes deste país.
Pelo amor de Deus, vivam.
Não deixem que a alienação maior, a viagem sem fim, acabe sem volta.
Não deixem que as drogas os levem para sempre desse mundo.
Do mundo que vocês querem esquecer.

[29] *Society Cocaína. Op. cit.*

Sem vocês, esse mundo fica ainda pior.
Fujam dos traficantes.
Em última instância, vocês têm um sereno desprezo pelo mundo dos negócios.
E estarão alimentando o mais sujo dos negócios do mundo: drogas.
E se vocês julgam que somos nós, os mais velhos uma das razões do vazio da vida.
Vida que os atormentam.
Vivam o suficiente para tentar mudar o mundo que lhe demos.
Ninguém faz nada nem muda debaixo de um túmulo.
Preferimos ver vocês levantando os braços na ilha de Wighr.
De que baixá-los para morrer. Não morram por nada.
Não vale a pena. Ou, para usar a nossa linguagem: é um mau negócio.

Se, realmente, as drogas são necessárias para a manutenção do quietismo dos problemas existenciais e sociais, que estão a exigir ação libertária, então, seguramente, teremos que aceitar, como verdadeiro, o fato de que a vida humana é realmente inviável. E isso é algo, que recuso, terminantemente, em aceitar.

É preferível a busca de uma nova perspectiva existencial, do que simplesmente se entregar à alteração da consciência, proporcionada pelo uso de drogas.

Estamos em uma era de total incerteza, em que o tédio surge como sendo uma das muitas manifestações de desespero da condição humana.

O tédio, a solidão e a angústia estão a exigir uma transformação radical do homem contemporâneo, ruma a novas formas de vida dignificantes. Somente assim será possível a construção de uma sociedade mais justa e verdadeiramente humana. Uma sociedade que tenha a liberdade de ação proposta pelo capitalismo, e a justiça prometida pelo socialismo. Onde as pessoas não sejam simplesmente coeficientes habitacionais ou populacionais. Que, ao contrário, sejam consideradas e respeitadas, a partir de sua própria condição humana. Ainda assim não assistiremos à total dizimação do tédio, da solidão e da angústia. Mas certamente, teremos condições muito mais adequadas, de enfrentamento.

CAPÍTULO 4

Solidão e suicídio

O desespero do suicídio

Um dos extremos, no tocante ao comportamento e sofrimento, legados pela solidão, é o desespero do suicídio. A solidão, ao se transformar num processo contínuo e doloroso, pode até culminar em suicídio. Ato de desespero, quando não se encontra nenhuma outra saída, para uma situação insuportável. A morte se apresenta, então, como única alternativa para a sensação de não suportar o peso da própria vida, da própria condição humana.

No suicídio, em geral, entram muitas variáveis, desde problemas pessoais, conjugais, com os filhos, até desemprego e outras situações provocadas pelas oscilações sociais. A solidão é, no entanto, um fator sempre presente.

Solidão.

Simplesmente solidão.

Suicídio e solidão. Solidão e suicídio, extremos, que se tocam na própria finitude da condição humana. E, na medida em que o suicídio se constitui no mais polêmico dos temas abarcados, pela prática psicoterápica, a questão merece uma reflexão pormenorizada.

Na psicoterapia, encontro existencial em que a alma humana é compreendida em toda a sua essência, repousam as esperanças da vanguarda da superação e até da própria compreensão do ato do suicídio. O significativo avanço da psicologia, psiquiatria, psicanálise, sociologia, antropologia permitiram uma visão e análise do suicídio, em que o sofrimento humano é abarcado num significado peculiar à própria condição humana. A pessoa em processo de psicoterapia é vista como alguém para quem não existe a possibilidade de suicídio. No entanto, isso ocorre em que pese todo o avanço na área. E o ato de morrer através do suicídio traz a ideia de fracasso da psicoterapia, e, portanto, do psicoterapeuta. E embora o psicoterapeuta não tenha como se responsabilizar pela totalidade dos atos do paciente, ainda assim, é muito difícil não se fazer a correlação de fracasso nos casos de morte, através do suicídio de pessoas, que estejam em processo psicoterápico. E, apesar da delicadeza e vulnerabilidade da temática, são inegáveis os avanços na compreensão do suicídio na atualidade. E, se contrapormos, então, a compreensão do suicídio em outras épocas, e, principalmente, na Idade Média, a questão fica ainda mais transparente.

Naquela época, os carrascos se empenhavam em achar, no corpo das mulheres acusadas de bruxaria, o ponto da epiderme insensível à dor, cuja existência provava a relação das supliciadas com Satã. Após horas de tortura, era fácil encontrar a famosa marca da infâmia.

Os médicos do século XIX, que destroçavam os cadáveres dos suicidas, também acabavam achando aquilo, que procuravam, a marca, o sinal, a prova. Alguns consideravam o crânio dos suicidas mais espesso. Outros observavam um corpo calose e mole, encontrando certas marcas de amolecimento cerebral. Outros ainda declaravam ser o suicídio uma doença mental ou um sintoma da doença. O suicídio, assim, não passa de uma categoria da loucura[30]. Mas, apesar dos avanços citados anteriormente, esse tipo de análise continua a animar algumas pesquisas modernas. A necessidade de compreender os mistérios da condição humana faz com que se busque todo o tipo de pesquisa e especulação metodológica, indo desde devaneios nas áreas da saúde, até mesmo na seara do conhecimento místico religioso. Tudo é permitido, nesse afã de tentar entender os sustentáculos do suicídio na alma humana. E, por mais que esses devaneios sejam desprovidos de qualquer razão lógica, e mesmo sentido conceitual, tudo é aceito, nessa vã peregrinação de se tentar alcançar a compreensão mínima dos determinantes do suicídio.

Existem, inclusive, explicações de que as dissociações de pensamento dos *esquizofrênicos* são decorrentes do fato de que a atividade seria mais dispersada no seu cérebro, do que no do indivíduo normal. Se ele divaga, é porque seu pensamento, aquele que podemos seguir em

[30] Guillon, C.; Bonniec, Y. *Suicídio. Modo de Usar.* São Paulo: EMW Editores, 1984.

telas e colocar em gráficos, divaga, também. Pesquisadores expuseram no Congresso Mundial de Psiquiatria Biológica, em julho de 1981, os estudos que fazem em colaboração com a Comissão de Energia Atômica. Graças a uma câmara de pósitrons, podemos seguir a repartição, através de injeções de substâncias radioativas, num curto espaço de tempo. Os efeitos sobre o cérebro humano de substâncias radioativas são ignorados[31].

Os avanços, que alardeamos, não impedem o próprio desprezo sofrido pelas pessoas, que enveredam pelos caminhos do suicídio. Sudnow[32] coloca, a partir de estudos realizados, que o paciente que morre, através do suicídio é objeto de desprezo, numa comparação com outros pacientes, tendo sua *causa mortis* retardada, o maior tempo possível, e seu cadáver destinado à utilização de trabalhos científicos.

Por mais grotescos que estes comportamentos possam parecer, ainda assim refletem, apenas, uma pequena faceta da questão do sofrimento, legado ao paciente vítima do suicídio, ou da tentativa de suicídio, pelos chamados profissionais da saúde.

O suicídio em seus detalhes conceituais

O suicídio é um ato, que sempre é revestido de muita violência. Até mesmo naquelas formas em que o ato é fulminante e, a princípio, sem qualquer sinal aparente de dor física, ainda assim, a violência é eminente, transcendendo toda e qualquer conceituação[33].

A compreensão do suicídio, para ser abrangente, não pode, entretanto, fragmentar o fenômeno na dispersão das várias teorizações, que procuram a explicação de sua ocorrência. Determinantes como a solidão, tédio existencial e tantas outras ocorrências características do ser humano, somente num passado recente ganharam a devida importância, na análise do suicídio.

A intensidade do sofrimento provocado pelo suicídio afeta tanto a pessoa envolvida no ato, quanto seus familiares e amigos mais próximos.

[31] *Ibidem. Op. cit.*

[32] Sudnow, D. *Passing-on; The Social Organization of Dying.* New Jersey: Englewood Cliffs, Prentice Hall, 1967.

[33] Angerami, V. A. *Suicídio. Uma alternativa à vida. Fragmentos de psicoterapia existencial* Belo Horizonte: Artesã, 2017.

Esses sofrerão. Além da dor inerente à morte dessa pessoa, todo um julgo ético e moral, de quase todos os segmentos da sociedade.

A ambiguidade da ação política e social, na maioria das vezes, resulta de contradições profundas advindas de necessidades e interesses que não englobam a pessoa em si. É dizer que uma dada teoria, na quase totalidade das vezes concentra em seu interior uma ideologia que, inclusive transfigura o fenômeno em si. Ideologia como um sistema de representação que parte de uma realidade parcial, fragmentária, repassada, através do prisma deformante de outras realidades e representações preexistentes, produzidas, selecionadas, admitidas e difundidas pelas classes dominantes, com pretensão se erigir em expressão cabal da realidade[34]. Essa ideologia transfigura o fenômeno em si, mesmo quando se trata de questões tão complexa como o suicídio e suas implicações. E, na medida em que a ideologia se mistura inextricavelmente com conhecimentos reais científicos, aos quais distorce, os incorporando em um sistema de dominação não científica. Dessa maneira, o julgo moral, que se faz sobre a pessoa que comete o suicídio, transpassa conceitos da área da saúde, para se configurarem nos preceitos da ideologia social de dominação em seu imbricamento com as religiões.

O desprezo legado ao corpo do suicida, como vimos anteriormente, é o mesmo desferido pelas religiões contra essa pessoa. Toda a severidade punitiva é deslocada, sem qualquer piedade para o suicida, e isso em que pese todas pregarem o perdão, todo momento.

A questão do suicídio é uma das mais suscetíveis de interpretações ideológicas, em sua ocorrência. Na medida em que a saúde mental é medida em termos de reprodução, e a enfermidade como sendo uma diminuição nas curvas de rendimento profissional, a reabilitação e, consequentemente, a própria cura, é medida exatamente pelo êxito em fazer com que o paciente produza como anteriormente.

Não se pode considerar a estrutura social inocente, neutra, e limitada a ser única e tão somente o marco, o princípio e o fim indiscutíveis e indiscutidos, em que toda a ação humana acontece.

O suicida, em seu gesto, pode estar manifestando total falta de adaptação às próprias condições sociais, e um profundo inconformismo,

[34] Lefebvre, H. *Sociologie de Marx*. Paris: PUF, 1968.

diante da condição humana. E o conceito de *normal* será questionado, de modo drástico; conceituar de *normal* uma pessoa que, simplesmente, se adapta ao sistema estrutural da sociedade é, no mínimo, discutível. Laing[35] mostra que a conceituação de saúde mental irá variar, de acordo com a condição socioeconômica da pessoa analisada. Assim, um fenômeno considerado como sendo ato de *loucura,* numa categoria social, é simplesmente considerado extravagância em outros segmentos sociais. Até mesmo o conceito de sanidade irá depender do prisma analisado, para ganhar dimensões e contornos reais. Como mera citação, tem as inúmeras sociedades de ufologia, em que seus participantes não são jamais considerados *loucos,* em que pese o teor de seus relatos e discussões.

O suicídio, ao se tornar possibilidade na vida de uma pessoa, está tornando real a destruição dos anseios, que permeiam, não apenas a morte, como a totalidade das possibilidades existenciais.

O suicídio, no entanto, não é um fenômeno que ocorre isoladamente, na existência humana. Assim, como o quadro de anorexia contém mais indícios na vida de uma pessoa, do que simples recusa de comida, com a ausência de sono, amenorreia, fadiga etc., o suicídio igualmente, é manifestação de uma condição de sofrimento, que vai além da possibilidade única de morrer.

A morte é buscada como fim, o ato de destruição, geralmente, traz manifestações de desespero, que nos remetem a situações diversas, em que os indícios de desesperança podem estar precedidos do próprio afastamento das coisas e das atividades triviais. A ausência de um sentido de vida é presença constante em muitos processos de abandono, da própria condição vital.

A solidão mata

A solidão é vista como sendo uma queixa abstrata, que, na maioria das vezes, se torna real, apenas quando apresenta sinais evidentes de sofrimento físico em seu bojo. A manifestação da solidão, e mesmo a depressão, não tem como se tornar concreta para um grande número de

[35] Laing, R. D. *Eu Dividido.* Petrópolis: Editora Vozes, 1973.

pessoas, até mesmo para inúmeros psicoterapeutas, por mais absurda que essa afirmação possa se configurar.

A solidão mata. Mas somente se torna real, quando executa suas vítimas de maneira fulminante. Sartre[36] coloca que os fatos escapam do *saber,* sempre provisoriamente, devido os conceitos que dispomos, estarem impregnados por um *idealismo* de direita ou por um *idealismo* de esquerda.

Kalina e Kovadloff[37] propõem uma terapêutica interdisciplinar, considerando o suicídio como uma manifestação social. Assim, afirmam, que a patologia suicida é uma patologia social, sendo a terapêutica comunitária. Sua prática ultrapassará os limites do consultório individual, para impor como necessários o contato do médico com a família do paciente, as autoridades políticas, educacionais e, de modo geral, com todas as áreas responsáveis e representativas da vida institucional de uma nação.

A proposta de uma ação comunitária não exclui a psicoterapia. Ao contrário, uma interação de vários profissionais poderá atender o paciente, numa abrangência mais ampla, que os limites de um consultório, isoladamente. E, na medida em que a solidão, como vimos anteriormente, implica numa relação direta da pessoa com a comunidade, na figura do outro, essa abrangência se torna a própria essência da compreensão de sua ocorrência.

Solidão.

Simplesmente, solidão. Enveredando pelos caminhos dilacerantes do suicídio. Solidão e suicídio, fenômenos eminentemente humanos. Sua compreensão necessita, assim, de uma abrangência nos aspectos inerentes a sua ocorrência.

O distanciamento da psicologia no tema da solidão

A psicologia é, ou deveria ser, uma ciência humana e não um estudo dos animais ou de um mundo inferior. Analisar o comportamento de determinados animais e julgar que estamos conhecendo o suficiente a respeito do comportamento humano, é aceitar um limite epistemológico muito pobre.

[36] Sartre, J. P. *Critica de La Razón Dialéctica.* Buenos Aires: Editorial Losada, 1979.

[37] Kalina, E.; Kovladoff, S. As Cerimônias da Destruição. Rio de Janeiro: Editora Francisco Alves, 1983.

A evolução humana e alguma de suas principais manifestações, suicídio, solidão, angústia, etc., não podem ser desprezadas, num simples contraponto irracional, com animais inferiores.

A psicologia estuda as diversas experiências humanas, da concretude ao simbolismo. E na medida em que o humano é o mundo símbolo, em que as coisas transparentes nem sempre mostram a verdadeira realidade dos fatos, esta questão ganha contornos ainda mais imprevisíveis.

A solidão e o suicídio privilegiam estas afirmações, na medida em que apresentam diversos níveis de realidade, em cujas facetas se escondem, não apenas a estampa do próprio sofrimento humano, como também, a condição de desespero presente na contemporaneidade. Uma tentativa isolada de análise desses fenômenos, se torna mera digressão teórica.

A psicologia tem sua origem em datas bem mais recentes, do que o suicídio e a solidão, e uma tentativa de fusão desse conhecimento, certamente terá que abarcar a própria natureza humana envolvida, nesse binômio.

O ato do suicídio significa morte aos objetivos existenciais e a morte de si próprio, num processo que pode implicar a tentativa de reparação de situações ou sentimentos. O significado do ato do suicídio pode, inclusive, implicar acontecimentos novos para um estágio de ajustamento vivido pela pessoa. É um projeto de vida, em que a morte é o objetivo final.

Segundo Laing e Cooper[38], o projeto de passagem subjetiva da objetividade, em direção à objetividade, se estende entre as condições objetivas do ambiente e as estruturas objetivas do campo das possibilidades. Representa a unidade móvel da subjetividade e objetividade, os momentos cardeais da atividade.

A pessoa, cuja subjetividade mais profunda o direciona ao encontro da possibilidade real da morte, tem, então, uma condição objetiva, em que os fatores dessa existência tornarão esse dimensionamento a própria concretude do fenômeno.

O suicídio não tem como se separar da solidão, quando sua ocorrência implica no aniquilamento existencial, determinado pelo isolamento da pessoa de suas possibilidades existenciais. É a corrosão da

[38] Laing, R.; Cooper, D. *Razão e Violência*. Petrópolis: Editora Vozes, 1973.

vida, implicando num suicídio, e se tornando possibilidade de solidão, desespero e dor.

A psicoterapia surge no rol dos processos objetivos, que se referem a uma realidade vivida em níveis de subjetivação, o desespero, a necessidade de autoconhecimento, etc. É um momento em que a subjetividade surge como necessária ao processo objetivo, e este como um momento necessário da subjetividade.

Na experiência vivida, a subjetividade se elimina a si mesma como pura subjetividade e se liberta do desespero pela objetivação. A subjetividade contém, no seu próprio interior, a objetividade, e esta nova objetividade como objetivação exterioriza a interioridade do projeto, com uma subjetividade objetiva. Pensar o suicídio e seu imbricamento com a solidão, possibilita uma nova compreensão dessa configuração, em sua dilaceração da alma humana.

Apesar das inúmeras pesquisas da psicologia, psiquiatria terem contribuído imensamente, para a compreensão do suicídio, como dissemos anteriormente, não existe uma teoria específica do suicida, nem tampouco de sua relação com a solidão.

O conceito de suicídio é externo e converge para o entendimento humano, de várias maneiras. Para a teoria clássica, o suicida é visto como sendo o último membro de uma dinâmica depressiva. Freud[39] coloca que nenhum neurótico teria intenções suicidas, quando tivesse impulsos assassinos. Ringel[40] afirma que o paciente manifesta uma síndrome pré-suicida, ou seja, uma manifestação na personalidade da pessoa, a direcionando para formas de agressividade e até mesmo o surgimento de fantasias suicidas. A síndrome pré-suicida. A síndrome pré-suicida irá perceber o ato suicida e dessa maneira poderá ser visto como sendo um indício da necessidade de ajuda para esse paciente.

Ruchardt[41] coloca, por outro lado, que a agressividade do suicida é uma forma de empenho, para se conseguir a paz e fugir da dor e da ansiedade.

Achté[42] afirma que o pensamento da pessoa, que busca o suicídio, correlata fortemente com distúrbios psíquicos, particularmente com depressões,

[39] Freud, S. *Trauer und Melcancholie*. Londres: Imago, 1964.

[40] Ringel, E. *The Pré-Suicidal Syndrome*. Psychiatria Fennica.

[41] Ruchardt, J. *Recent Bereavemente in Relation to Duicide*. J. Pschics.

[42] Achté, K. A. *Suicides in Psychiatric Patients in Helsink*. Psychiatria Fennica

e estas poderiam estar claramente associadas com o isolamento social, doenças psicossomáticas e acontecimentos da vida, que levam ao estresse.

O próprio contexto social, que incide a conceituação de que alguém, que envereda pelos caminhos do suicídio, é alguém *emocionalmente fraco* e que necessita de *ajuda*, ganha contornos ainda mais imprevisíveis, quando existe a correlação do suicídio com a solidão. É necessária uma compreensão adequada, tanto do conceito de ajuda, como da condição emocional desta pessoa, para que toda e qualquer proposta terapêutica não esbarre em dificuldades desprovidas e envoltas em simples especulações teóricas.

O suicídio e, consequentemente, a psicoterapia são temáticas que se excluirão, se não houver um discernimento do verdadeiro sofrimento, que se estampa na procura da morte.

O suicídio como jogo de vida e morte

A pessoa, ao enveredar pelos caminhos do suicídio, estabelece um jogo muito importante, para a transformação do ato em si. Este jogo é composto por elementos que incluem desejos, memórias, fantasias, identificações, etc. O jogo é cristalizado, fortalecido e reforçado por repetições permeadas por muita imaginação e insinuações de cometê-lo. Um jogo, que, visto de fora, pode ser considerado perverso, mas tem implicações de subjetividade, que dificilmente serão compreendidas em sua subjetividade. Como de pessoas que vão até uma estação de metrô, para se lançarem de grandes alturas e assim morrerem, na presença do outro, com todas as implicações inerentes. Pessoas, que, muitas vezes, moravam em edifícios de grande altura vão até a estação de metrô, para se matarem. Ou de um ex-paciente, cuja esposa se atira da janela do apartamento, quando toda a família estava reunida.

Um processo de psicoterapia, que visa ajudar a pessoa vítima da tentativa de suicídio, terá que se abrir para implicações bastante sérias, sobre sua real abrangência. Incluindo-se nesse rol, desde implicações sóciopolíticas, até ocorrências abstratas da condição humana como solidão, angústia, tédio, depressão, etc.

As teorias, quando analisam os casos de pessoas, que cometem suicídio, as mostram como sendo assassinas de sua própria morte; a tentativa suicida pode, aparentemente, provar que o modelo ilusório de solução de determinados problemas, a morte em última instância, pode ser concretizado, ainda que o problema, em si, não se resolva. A destruição pode estar indicando, que a agressividade da pessoa pode estar voltada para si própria. Dessa maneira, o comportamento destrutivo pode ser separado em autodestruição direta ou indireta.

Na destruição indireta são colocados aqueles casos em que as pessoas negligenciam a saúde, alimentação, hábitos de vida, e, aqui podemos incluir, o hábito de dormir pouco, sedentarismo, dirigir veículos em alta velocidade, etc., até os casos de ingestão excessiva de bebidas alcoólica e o ato de tabagismo. Em texto anterior,[43] colocamos, que o tabaco mata duzentas vezes mais, que todas as outras drogas juntas. Uma pessoa que fuma três maços de cigarros, diariamente, reduz sua vida em oito anos e quatro meses, sendo que as pessoas que fumam dois maços de cigarros por dia, reduzem a vida em cinco anos. Esses dados, resultantes de muitos estudos sobre o tabagismo, não deixam dúvidas sobre a intencionalidade destrutiva do fumante. E, com as imagens exibidas nos maços de cigarros, nem o antigo argumento de que o fumante pode não ter consciência dessa destrutividade, é aceito. As propagandas, mostrando o teor de destruição do cigarro, são tão intensas e assertivas, que não existe mais a possibilidade desse argumento de desconhecimento de seu teor de destrutividade, ser minimamente tolerável.

A obesidade pode ser incluída nesse rol, visto que é modelo típico de destruição de si próprio, na medida em que a pessoa causa prejuízo à sua saúde, reduzindo seus sentimentos de estima. Igualmente, a propaganda médica, que pontua os riscos inerentes à obesidade, é frequente e de acesso a toda a população.

Ainda dentro dessa conceituação de destruição lenta, gradual, progressiva e irreversível, podemos incluir pacientes que negligenciam dietas e prescrições medicamentosas. Diabéticos, que cedem a tentações da ilusão gustativa de certos pratos e doces; pessoas, que sofrem de problemas cardiovasculares e que, ainda assim, fumam e bebem, sem qualquer limite; pacientes submetidos a tratamento de hemodiálise, que negligenciam os preceitos básicos de tratamento, etc.

[43] Angerami, V. A. *A Psicoterapia Diante da Drogadicção*. São Paulo; Cengage Learning, 2005.

Farberow[44] coloca que as pessoas masoquistas devem, igualmente, ser incluídas no grupo dos pacientes de autodestruição indireta, em face à punição imposta na obtenção de êxitos no desenvolvimento pessoal e profissional.

Diferentes formas de manifestações de solidão serão encontradas, nas diferentes manifestações de suicídio. Assim, o próprio isolamento irascível pode, perfeitamente, ser incluído, igualmente, no comportamento de destruição indireta. Uma breve cena desse quadro: cinzeiro repleto de bitucas de cigarros, um litro de bebida destilada vazia, e o carpete com sinais evidentes de bebida entornada. Uma imagem não apenas da solidão, como do desespero, vivido por muitas pessoas na cotidianidade das grandes cidades.

A pluralidade da solidão

Várias temáticas se misturam e interacionam as pessoas, de maneiras, muitas vezes abstratas. As pessoas de uma dada sociedade, formam uma relação, que pode ser vista como solidão, reciprocidade, unificação, e, sob alguns aspectos, massificação. Elas são uma pluralidade de solidão. A solidão não é inerte, mas é vivida no projeto de cada qual, como sua própria estrutura negativa: nada tem a ver com você. É a negação provisória de cada uma de suas possíveis relações recíprocas. Essa pluralidade de separações é o lado negativo de integração de cada indivíduo no seu grupo distinto, escritório, lar, igreja, clube, etc.

Estas solidões se manifestam, de muitas maneiras, através das atitudes das pessoas. A solidão é suportada ou suportável e irá emergir da própria condição humana, como elemento de manifestação. Estas solidões são o verdadeiro produto social da sociedade.

As cidades estão presentes, pela intercambialidade das pessoas. Já ali se encontra, pela manhã, como esta ou aquela exigência, como algo que eu possa usar, ou como o ambiente em que me encontro. A cidade refrange a minha solidão polivalente como os milhões de solidões, de facetas de todas as pessoas, com as quais não estou relacionado. A solidão pode ser um projeto. Por exemplo, se isolar, lendo um jornal, é utilizar o

[44] Farberow, N. L. *Research in Suicide* in 1971-1973. Psychiatria Fennica.

coletivo nacional e internacional, e, em última análise, a totalidade das pessoas vivas se separar das pessoas, que eventualmente pode se encontrar, numa mesma situação espacial.

Recentemente, estava sentado em um café na Praça Roosevelt, local em que a vida brota uma aura de amor, que me faz carente e dependente desse canto, de modo irreversível. Estava à espera de algum amigo, para distrair o tempo e ter uma conversa prazerosa. Senta-se na mesa, ao lado, uma mulher de cerca de quarenta anos de idade, com os olhos marejados, e com indícios de que já havia chorado bastante. Ela me olhou, timidamente, baixou os olhos como que se mostrando envergonhada, de ter sido flagrada, em seu choro. Convidei para que se sentasse em minha mesa, ao que ela, prontamente, atendeu. Sentou em minha mesa e continuou com seu choro contido, sem pronunciar qualquer palavra. Tomou seu café e permaneceu em silêncio, por alguns minutos. Depois de outros tantos minutos, e continuando sem dizer qualquer coisa, se despediu e agradeceu pela companhia. Apenas pontuou que havia sido muito importante a minha presença, nesse momento de sua vida. Foi embora e sequer fiquei sabendo seu nome. Mas a constatação é a de que a presença do outro, em seu momento de dor, ainda que em silêncio e nem sequer saber quem era, foi importante, para trazer algum alívio ao seu sofrimento. Simples. E, absurdamente humano, a importância da presença do outro em momento de dor, ainda que esse outro fosse um desconhecido, com quem se depara em um simples café.

Solidão.

Simplesmente solidão.

A solidão é, em diferentes momentos, sob diferentes luzes, organicamente suportada; dolorosamente vivida, quando a mim imposta. Naturalmente, a solidão buscada, não tem esses constitutivos.

As pessoas, que cometem o suicídio, são enquadradas num determinado grupo e colocadas numa condição de unificação, mesmo com tantas peculiaridades tão díspares. São vítimas de um ódio social, sem que se tenha um objeto comum, como os antissemitas, por exemplo, possuem.

As razões do suicídio, no entanto, serão tão variadas como o próprio número de pessoas, que buscam essa alternativa; e a sua real configuração não poderá ser considerada através de símbolos, marcas de exterioridade e sim num processo de subjetividade, que irá exigir muitos detalhes para uma análise pormenorizada.

O suicídio e a solidão embora estejam permeados por uma consciência reflexiva, isto excluí, naturalmente, os casos de suicídio em que as pessoas não possuem consciência do próprio ato; é também exato que neles residem otimismo e lucidez. Os aspectos dessas razões se fundem num aspecto que irá conferir características de espontaneidade ao ato.

O suicídio irá legar ao profissional da saúde, e ao psicoterapeuta, em particular, a condição de vigilante das reais possibilidades existenciais, que envolvem determinada pessoa ou família. Esta condição faz com que, cada vez mais, se busque com frequência, subsídios teóricos, para uma compreensão e até intervenção, junto aos pacientes vítimas do suicídio.

É fácil perceber, que a relação do suicida com a morte, e, consequentemente, com a própria vida, é algo insólito, diante daquilo que é percebido como determinante do ato em si, e até mesmo, a forma escolhida para morrer.

A compreensão da solidão e seus determinantes de suicídio estão muito longe de se tornarem realidade, em que pese os esforços dos estudiosos, nesse sentido.

Ao se refletir sobre a morte e o ato de morrer, através do suicídio, uma constatação se faz iminente, a existência humana ganha uma solidez irreal diante da morte. É dizer que a problemática inerente à existência, ganha contornos bastante significativos, diante da resolução de se buscar, deliberadamente, a morte como alternativa, a única alternativa capaz de aliviar o desespero da própria vida.

E, uma coisa se torna bastante clara, nesta questão, a inconsistência de determinadas situações da minha própria vida exige um discernimento do sentido desta mesma vida; o meu próprio desespero em determinadas situações e nos momentos em que a morte era vista como o, que cicatrizaria minhas chagas existenciais, são fatores que, lucidamente, devem estar bem resolvidos em minha subjetividade. Principalmente, no exercício de minha atividade como psicoterapeuta, junto a esses pacientes.

O menor titubeio diante de argumentos convincentes do paciente, de que a vida realmente é desprovida de razão e sentido, é suficiente para o desencadeamento de um desespero ainda maior.

A morte surge como sendo a configuração da falta de alternativas. É a constatação do desespero, inerente a uma vida encarquilhada pela desesperança.

A morte, ao ser buscada como alívio, diante de situações desesperadoras, como uma tentativa de integração com o cosmos, com a unidade universal e tantas outras razões, que vão desde o místico até situações extremadas como o resgate de valores interiores, que se deterioraram pela sociedade, é a ausência da própria existência no determinante maior da propulsão da vida.

O suicídio é uma possibilidade, que se transforma na percepção da pessoa do suicida. Sua condição existencial pode determinar concepções diferentes sobre a questão de se morrer, através da autodestrutividade. Assim, alguém, que pensava em se atirar de um edifício, pode mudar sua intenção de morrer desta forma, e, no entanto, adquirir a condição de alcoólico, o que, em última instância, significa apenas e tão somente, uma mudança no instrumento de destruição.

É necessária uma clareza real, sobre as formas de destrutividade utilizadas, para não se conceituar como bem-sucedidos, atos que mostrem a maneira como o suicida procura pela destruição final.

O suicídio apresenta facetas, que mostram um ato, em princípio, solitário e individual, até mesmo em suas manifestações coletivas. Em 1963, por exemplo, o monge budista Thic Quang Duc chocou o mundo ao atear fogo nas roupas, ensopadas de gasolina, se imolando numa praça pública de Saigon. O protesto do monge contra o autoritarismo do regime do presidente Ngô Dinh Diem desencadeou uma onda de atenções internacionais sobre o que se passava no, então, Vietnam do Sul.

Isoladamente, o monge budista mostrou em seu ato, o desespero da população local. Ou, ainda, o suicídio de cerca de oitocentas pessoas pertencentes à seita religiosa Templo do Povo, que no dia 18 de novembro de 1978, a cento e cinquenta milhas de Jones Town, induzidas pelo líder espiritual, Jim Jones, se envenenaram, num ritual místico e, por si, macabro. O gesto de Budd Dwyer, ex-secretário da Fazenda do Estado da Pensilvânia, que se suicidou, efetivando seu ato diante das câmaras de televisão e fotografia, após se manifestar inocente, diante de uma acusação de corrupção, tem como síntese, não um possível desequilíbrio psíquico, mas, sim, uma vã tentativa de resgate da dignidade de sua família, diante de uma eventual condenação. Ainda, que as ciências sociais e da saúde, no interior de seu bojo, apresentem a inserção do indivíduo às condições da sociedade, o suicídio não deixou de ser entendido como um ato pessoal, como uma ação isolada da pessoa vitimada. E, quando da fusão do suicídio com a solidão, o caráter de ato solitário toma formas concretas.

Em cada pessoa que se mata, fracassa uma proposta comunitária. Não se trata, apenas, do derrubar de uma esperança pessoal. Trata-se também, da inviabilidade de um projeto coletivo, posto ao alcance do indivíduo e elaborado para ele, através da família, educação e trabalho. Ali, onde os suicídios são frequentes e numerosos, cabe reconhecer, que se está ante uma sociedade com um alto potencial autodestrutivo. Ou, ainda, na mensagem deixada por uma pessoa, antes de se matar, no dia de Natal:

Boa tarde, amigas & amigos !
Chegando mais um Natal, e eu aqui sem saber o que fazer ou dizer.
Natal é uma festa para Celebrarmos o nascimento de Cristo, uma festa para reunir famílias ,celebrarmos a paz.
Mas todos os anos eu fico a me perguntar ...Cadê minha família?
Já não tenho mais a mesma alegria há muito tempo, mas esse ano está pior....
A tristeza bateu muito forte...além de não ter meu filho ao meu lado, não vejo perspectiva no meu País.
Roubaram nosso futuro, nossa alegria, nossas conquistas. Nosso País está entregue às mãos sangrentas de corruptos .
Um verme que se faz presidente me envergonha, pois não pensa no povo.
Esse verme chamado pela alcunha de Temer, não tem o respeito de milhões de brasileiros.
Amigas e amigos....Que Deus se apiede de nós.

Com isso queremos dizer que, assim como há uma profunda correlação entre a pessoa que se mata e sua família, ela também existe entre esse sujeito e a sociedade em que vive e morre[45].

O desespero provocado pela solidão

O desespero provocado pela solidão é outro aspecto considerado, indevidamente, como sendo um ato solitário. O binômio solidão-suicídio

[45] *As Cerimônias da Destruição. Op. cit.*

se constitui, por assim dizer, em partes isoladas do sofrimento solitário do ser humano, na contemporaneidade.

É notório, que no apogeu do Romantismo, o amor e a morte eram temas entrelaçados, e o pacto do suicídio era fato corriqueiro. Na literatura mística, se prega a morte para esta vida, para se viver em Deus. O nacionalista radical, provavelmente, encontra seu mais alto gozo em morrer pelo grupo, pela causa que defende. Nesse sentido, sua plenitude de ser é, em sua essência, um desejo de se aniquilar como indivíduo existente. O suicida, igualmente, procura significação, através do ato de morrer. E, tanto a morte do suicida, como a do mártir mostram, em princípio, a morte como possibilidade única. Embora o comportamento do mártir, possa ser considerado como suicida, foi feita uma separação entre os atos fulminantes de suicídio, daqueles em que a pessoa se embrenha em atividades, que embora perigosas, em função das causas que são dedicadas, ainda assim, não mostram, claramente, a linha tênue que separa a vida da morte.

Um exame mais atento, no entanto, revela que o herói ou mártir projetam como possibilidade última, a causa pela qual morreram. Assim, é o triunfo do cristianismo ou o triunfo do comunismo que é desejado. E, por outro lado, o gesto suicida projeta vingança para os familiares e amigos ou, então, simplesmente, a libertação de determinados tormentos existenciais.

O suicídio, inclusive, separa o ato da pessoa em si, de acordo com o contexto social dessa pessoa. O binômio pensador-pensamento é perfeitamente divisível, quando se trata de aspectos inerentes à vida do pensador, e que destoem daquilo que por ele foi preconizado. Foucauld, por exemplo, um dos mais importantes pensadores contemporâneos a refletir, sistematicamente, sobre a loucura, a instituição psiquiátrica e a junção destes temas com a ideologia dominante, em que pese suas próprias ideias, morreu num manicômio. Onde estava hospitalizado, segundo sua própria deliberação.

Ou então, o que dizer de Althusser, outro importante pensador contemporâneo, que igualmente refletiu e escreveu sobre a psicanálise e suas instituições, além de vários trabalhos sobre o verdadeiro significado da doença mental. Ele morreu, num manicômio judiciário, após assassinar sua própria companheira, com mais de cem facadas.

Entretanto, em que pese a dramaticidade de suas histórias, as obras de Foucauld e Althusser continuarão a ser discutidas e analisadas, por inúmeros pensadores e estudiosos, como sendo verdadeiras luzes, nas trevas das discussões sobre saúde mental. Não existe a menor dissipação daquilo que preconizaram e as atitudes que tomaram em suas vidas.

Outros pensadores, igualmente importantes, tiveram como agravante de suas condições existenciais, o ato suicida. Gilles Deleuze, importante pensador francês, depois de anos de luta contra um câncer de pulmão, que o deixava totalmente sem respiração, se joga da janela de seu apartamento em Paris. Sua obra não sofreu qualquer mácula, diante de seu gesto, ao contrário, muito de seus seguidores, inclusive, consideram coerente com suas propostas de vida, pois, para ele, o trabalho do homem era pensar e produzir novas formas de vida. Arminda Aberastury, importante autora de psicanálise, com uma severa doença de pele, que a desfigurava, igualmente se mata. E seus livros continuam a ser referência na área. Sobre Melaine Klein, há controvérsias sobre suas intenções suicidas. Mas, é fato, que ela entra em um processo de anemia profunda e irreversível, até a cirurgia para o enfrentamento de um câncer de cólon. Sua obra é grande referência dos estudiosos de psicanálise.

Melaine Klein refletiu, inclusive, com bastante profundidade, sobre a questão da depressão. Não existem, enfim, a menor relação sobre eventuais incongruências daquilo que foi escrito, com aquilo que foi vivido.

A solidão, ao ser vivida como possibilidade de desespero existencial, mostra a morte como sendo a única alternativa de libertação. E a questão, de fato, é dimensionar até que pondo a morte liberta o homem da solidão, espectro da existência que tem a duração do período compreendido entre o nascimento e a morte. É, por assim dizer, a exclusão de uma faceta do sofrimento, através de outras manifestações, desse mesmo sofrimento. O suicídio tem, na solidão, um de seus principais imbricamentos. É dizer que, ao se estabelecer esse binômio suicídio-solidão estamos atribuindo a esses aspectos da condição humana, a própria inextricabilidade da existência. É mesmo difícil decodificar, se a principal intercorrência do suicídio é a solidão.

Difícil, inclusive, se estabelecer, se é a solidão que leva ao suicídio, ou, então, que a principal condição da solidão é o suicídio.

A morte, na medida em que me pode ser revelada, não é tão somente o fim dos meus projetos existenciais, sempre possibilidade desvendada. Mas é, também, e, principalmente, a revelação de uma possibilidade, última e derradeira.

A percepção da solidão e o conhecimento da possibilidade da morte pertencem à faculdade racional do ser humano. E de modo algum participa da imutabilidade dos objetos eternos. O conhecimento, sendo considerado como eterno, não poderá conduzir à indução de ação, no mundo infindo. A percepção não tem como determinar contornos previsíveis, ao suicídio e à solidão, transfigurando a própria conceituação de finito e perene.

CAPÍTULO 5

Solidão e vida religiosa

A cantilena do encontro com Deus

Uma das mais antigas cantilenas, sobre a questão do isolamento humano, é aquela que nos remete à afirmação, de que as pessoas, que enveredam pelos caminhos de Deus, não padecem de solidão. Assim, é praticamente inconcebível, para a maioria das pessoas, o fato de os religiosos também sofrerem o espectro da solidão.

A vida religiosa é, em princípio, um desprendimento e um despojar dos valores humanos, para ir ao encontro de Deus. A vida monástica, através de uma mudança radical de vida, implica, necessariamente, em suprir o vazio existencial, provocado pelo desprendimento dos valores humanos, com a presença de Deus. É o indício primeiro, desse equívoco, em que a busca e o encontro com Deus superam a solidão.

Sem entrar no mérito de se entregar totalmente a uma abstração, arbitrariamente, imaginada e denominada de Deus, temos um confronto entre a vida humana com suas vicissitudes e carências, com essa entidade, que existe de real, apenas no imaginário.

A nossa análise é referência à estrutura católica de vida religiosa. Embora outras religiões também apresentam isolamentos semelhantes, e com estragos semelhantes no psiquismo desses religiosos, partimos do catolicismo, para essa reflexão.

Existe no catolicismo uma divisão bastante clara, entre os religiosos que adentram para uma determinada ordem religiosa e aqueles que, após anos de formação e estudo, se ordenam padres seculares. Os religiosos que entram para determinadas ordens –beneditinos, franciscanos, dominicanos, jesuítas, etc, seguem os princípios e fundamentos determinados pelo fundador da ordem. Assim, os franciscanos seguem os princípios de São Francisco de Assis, os beneditinos, os de São Bento, e assim por diante.

Os padres seculares, por outro lado, após a consagração de suas vidas para os princípios religiosos, se dedicam a paróquias setoriais, e trabalhos pastorais, sempre sob a orientação soberana dos bispos diocesanos. As mulheres, que se dedicam a vida religiosa, sempre estão vinculadas a determinadas ordens religiosas.

Os religiosos de outras seitas, cristãs ou não, embora tenham traços que não delimitem de forma tão clara a questão do isolamento, ainda assim, apresentam esse enfrentamento da solidão, a partir da procura de Deus.

Ao concentrar essa análise sobre a vida monástica e a dos padres seculares, houve uma opção de restrição desses escritos, a formas conhecidas, através da minha experiência de vida, e, principalmente, da minha atuação como psicoterapeuta. Não houve intenção de sobrepor a estrutura da Igreja Católica sobre outras estruturas religiosas. Apenas, o direcionamento para este lado, é derivação de sua importância e da dimensão de sua estrutura no mundo ocidental. E até porque, muitas outras religiões, são meras derivações ou acoplamentos de contestação da estrutura católica.

Em busca da vida monástica

Ao decidir pela vida monástica, a pessoa busca sinais exteriores, bastante definidos de sua relação com o mundo. O próprio significado da palavra monge, em sua origem, quer dizer mono, só, isolado. A vida monástica exige, que o monge se desprenda de seus valores humanos e abrace, de forma totalitária, os preceitos da ordem escolhida. Como ilustração dessas afirmações, trabalharemos com citações da ordem dos beneditinos.

Os monges dessa ordem seguem, ou procuram seguir, à risca, os ensinamentos contidos nos preceitos de São Bento[46].

[46] Existe muita controvérsia sobre a existência real de São Bento. São Francisco de Assis, por exemplo, foi uma personagem que viveu em Assis, na Itália, e os detalhes de sua vida são conhecidos até por pessoas que não são religiosas. Seu desprendimento material é exemplo seguido por muitos fiéis. São Bento, ao contrário não tem uma vida com tais características, sendo que seus preceitos são coletâneas de diversos apontamentos recolhidos ao longo dos séculos.

É necessário um esclarecimento sobre a responsabilidade dos religiosos, ao adentrarem para uma determinada ordem religiosa, num contraponto às acusações sofridas pela Igreja, quanto ao sofrimento dessas pessoas. A opção religiosa é individual e as agruras advindas decorrem de um despreparo emocional e não, propriamente, de um aspecto tirânico da Igreja. As pessoas decidem pela ordem religiosa e, voluntariamente, buscam esse caminho. Diferente de pessoas que são atiradas num manicômio ou prisão, por exemplo, que não são questionadas em sua opção, quanto a esse confinamento. Também, é necessária uma colocação, no sentido de esclarecer, que, muitas vezes, as pessoas, ao abandonarem a vida religiosa, passam a criticar a instituição, num movimento claro, de inconformismo de si mesmo, diante da própria percepção. A instituição, então, passa a ser considerada repressiva e os antigos colegas, que lá permanecem, são considerados doentes. Assim, toda e qualquer problemática, não reside naquele que saiu, sempre segundo seu próprio depoimento, mas no arcaísmo da instituição e na doença e quietismo conformista daqueles que ficam.

Goffman[47] ensina que, ao adentrarem para uma dada instituição, as pessoas são *colonizadas*, e o mundo externo, dado pelo estabelecimento, é considerado pelo internado como o todo. E uma existência estável, relativamente satisfatória é construída, com o máximo de satisfações possíveis, dentro dos limites impostos pela instituição. Nesse sentido, a experiência dos mosteiros e conventos é usada como ponto de referência, para demonstrar como a vida no interior da instituição é desejável, reduzindo de maneira notável a tensão existente nesse interior. Uma pessoa ao ser admitida numa instituição, se despoja de seus valores individuais, e é nivelada em determinados aspectos, segundo os preceitos da instituição. E ocorre assim, o nivelamento social, afastando as várias distinções sociais com que chega o novato.

Aparentemente, se aceita o conselho de São Bento ao abade: que não seja feita por ele distinção de pessoas no mosteiro. *Que um não seja mais amado que outro, a não ser aquele que for reconhecido melhor nas boas ações ou na obediência. Não anteponha o nascido livre, ao originário de condição servil, a não ser que exista outra causa razoável para isso*[48]

[47] Goffman, E. *Manicômios, Prisões e Conventos*. São Paulo: Editora Perspectiva, 1974.

[48] *A Regra de São Bento*. Rio de Janeiro: Edições Lúmen Christin, 1980.

Dessa maneira, possíveis sentimentos, inerentes à própria condição humana, tenderão a ser institucionalizados e considerados sem importância, diante da ascese imposta pela vida religiosa.

Solidão, vida sexual e tantos outros fenômenos humanos terão que ser abolidos da própria existência, com o risco de desmoronamento da própria vocação religiosa. As especificidades individuais não podem ser consideradas, diante da soberania das ordens religiosas. Embora os castigos tenham se reduzido aos casos de autoflagelo ou de imolação deliberada, ainda assim, essas práticas estão sujeitas a concepções bastante mutáveis.

A responsabilidade da Igreja reside no fato de buscar vocações, sem a necessária triagem das condições emocionais dos aspirantes religiosos. Também, sem um levantamento minucioso das características de personalidade, que seriam necessárias para um aproveitamento positivo dos métodos utilizados na vida religiosa. E com o agravante, que a opção é religiosa e é feita, quando as pessoas possuem, quase sempre, cerca de vinte e poucos anos. Ou seja, em uma situação de maturidade com a vida em que os próprios constitutivos ainda não estão definidos, nem tampouco a projeção para a própria perspectiva de vida. Nesse momento, o jovem que adentra a vida religiosa faz votos de obediência, pobreza e castidade. Algo totalmente cerceador, de muitas possibilidades inerentes à vida humana e que são proferidos, em princípio, para toda a vida.

Claro está, que a filosofia religiosa, não se dispõe a suprir aspectos de sofrimento da condição humana, os atribuindo, no entanto, um sentido sobrenatural, que os torne suportáveis e, muitas vezes, desejáveis, enquanto meio de ascese espiritual.

A transcendência, buscada na vida religiosa, deve ser norteada por princípios, que são a fuga de determinados preceitos da condição humana. Entrar para a vida religiosa e, concomitantemente, de maneira simples, adquirir a consciência que não terá determinados sofrimentos, inerentes à condição humano, é erro tão básico, como alguém que acredita conhecer Paris, a partir de leituras e observações de fotos.

Nos mosteiros beneditinos, por outro lado, existe a figura do abade. Ele, além de pai espiritual do grupo, lidera as atividades do cotidiano, segundo os preceitos da ordem. Alguns mosteiros beneditinos têm, inclusive, como característica, o fato dos monges acordarem às três horas da madrugada, para o início de suas atividades diárias. Existem alguns mosteiros onde os monges não podem se comunicar entre si, através da palavra, mas, apenas por outros meios, gestos, bilhetes e referência aos preceitos da ordem. Uma das principais características dos beneditinos é a destinação de diversos períodos, ao longo do dia, para oração. Assim, nesses momentos, é interrompida a atividade exercida e os monges fazem sua oração, conjuntamente.

Os momentos de meditação, também, são muito valorizados pelos beneditinos, sendo que, igualmente, muitos períodos são dedicados a esta atividade. O uso da palavra é permitido, apenas nos chamados momentos de recreação. Evidentemente, que, para uma pessoa se tornar monge beneditino, é necessário um desprendimento e um total desapego da existência anterior, à entrada no mosteiro. Suportar os parâmetros determinados pelas regras beneditinas, implica numa mudança total e radical de valores.

A vida nos mosteiros, assim como na maioria das instituições de clausura, apresenta peculiaridades, que, embora apresentem características próprias, na essência, reproduzem os valores repressivos da sociedade.

O contato direto com pessoas, que viveram e vivem no interior dos mosteiros, se mostrou, inicialmente, como a constatação de um total despreparo emocional, com repercussões até em níveis de sofrimento físico, para a opção pela vida monástica. Ou, ainda, no depoimento de um ex-monge beneditino*, a vida monástica possui um misticismo fascinante, além de se entrar em contato de modo intimo com o maravilhoso universo do canto gregoriano e outras formas requintadas de arte sacra. Mas apresentam algumas dificuldades, que a torna inviável. A solidão nos mosteiros dilacera a alma e o coração. Mas, a verdadeira unidade espiritual somente é possível de ser atingida, se houver o total desprendimento do monge, desses aspectos humanos. É muito difícil, quase impossível. Apenas algumas pessoas conseguem atingir esse nível de consciência. O mais comum é as pessoas desistirem, em função de não suportarem as asperezas encontradas, ao longo do caminho. Muitas, inclusive, abandonam a vida monástica e se tornam padres seculares. Assim, a vocação religiosa não é de todo abandonada, apenas modificada em sua essência. Voltar a um mosteiro, para mim, vai ser muito difícil. E isto, apesar do fascino que o misticismo monástico exerce sobre o meu ser. Havia ocasiões em que meu maior desejo era ir ao encontro de pessoas, familiares, amigos. Enfim, sentir que ainda existia, fisicamente, além da espiritualidade.*

Os monges têm, na vida de oração e reclusão, uma forma de transcendência. E que, em última instância, visa abarcar a espiritualidade, numa dimensão em que o imaginário, representado por Deus, não possa ser sentido na própria carne, através de manifestações da alma. A oração, a incomunicabilidade entre seus membros, a rígida disciplina horária, e o total abandono de muitas necessidades corporais fazem do monge beneditino uma pessoa em que a ascese é condição primordial, para a própria continuidade da existência. Dessa maneira, quando deparamos com pessoas que não suportam as agruras da vida monástica, é facilmente compreensível as razões que determinam esse abandono. A Regra de São Bento[49] é clara em seus ensinamentos: *Primeiramente, amar ao Senhor Deus de todo o coração, com toda a alma, com todas as forças. (...) Abnegar-se a si mesmo, para seguir o Cristo. Castigar o corpo. Não abraçar as delícias. Amar o jejum. (...) Não gostar de falar muito. (...) Não gostar do riso excessivos ou ruidoso. (...) Não satisfazer os desejos da carne. Odiar a própria vontade. Obedecer em tudo, às ordens do Abade, mesmo que este, o que não acontece, proceda de outra forma, lembrando-se dos preceitos do Senhor: Fazei o que dizem, mas não o que fazem. (...) eis aí os instrumentos da arte espiritual: se forem postos em ação por nós, dia e noite, sem cessar, e devolvidos no dia do juízo, seremos recompensados pelo Senhor com aquele prêmio que Ele mesmo prometeu: O que os olhos não viram nem ouvidos ouviram preparou Deus para aqueles que o amam. São, porém, os claustros do mosteiro e a estabilidade na comunidade, a oficina onde executaremos, diligentemente, tudo isso*[50].

Franz Liszt e a vida monástica

Franz Liszt é um dos grandes compositores de música clássica de todos os tempos. Húngaro de nacionalidade permaneceu radicado em Paris, por longo tempo, ocasião em que teve a oportunidade de introduzir na cena musical da cidade grandes nomes, principalmente o de Frédéric Chopin. Virtuose no piano dedicava-se, principalmente, a executar outros compositores, apesar dos insistentes pedidos de seus admiradores, para que compusesse seu próprio repertório. Com uma vida de muita turbulência emocional, deixou a esposa e filhos, para se unir com a Princesa Carolyne zu Sayn-Wittgenstein, que, assim como ele, também era casada,

[49] A Regra de São Bento. *Op. cit.*

[50] *Ibidem. Op. cit.*

e igualmente muito religiosa. Eles eram católicos fervorosos e diante da recusa do Vaticano, em autorizar o casamento de ambos, acabam por se distanciar, com Carolyne dizendo, que isso era vontade de Deus. E que ela era o instrumento para levá-lo de volta a Deus.

Liszt, então, vai para um mosteiro, com a intenção de remissão de seus pecados e de trazer alívio para a turbulência de sua alma. Nesse período, compõe várias músicas de caráter religioso e que foram denominadas de Anos de Peregrinação. Consagrado, principalmente, por suas obras para piano e orquestra, e pelas inúmeras transcrições que realizou da obra de outros autores, esse período monástico faz de Liszt, também um compositor sacro, com obra de cunho bastante introspectivo.

A citação dessa opção monástica de Liszt ilustra, de maneira bastante incisiva, como a reclusão opcional, e determinada por sua grande fé aos princípios do catolicismo, foi benéfica, não apenas para a possível remissão de seus pecados. Mas principalmente para fazer com que o acervo de suas composições fosse acrescido de obras maravilhosas que certamente em muito contribuem para a nosso enriquecimento cultural e emocional.

Liszt, até então, havia composto peças que se alternavam entre a beleza temática a dificuldade de sua execução. Suas músicas, quase sempre, são sinônimas de dificuldades. E os músicos que executam tais peças, são chamados de virtuoses de piano. Significa, que um pianista, que afirma tocar algumas peças de Liszt, atingiu o nível máximo de excelência, no piano.

Nesse período monástico, ele abandona essa questão da dificuldade técnica, acima de qualquer outro preceito, e prima por criações, que acrescentam leveza ao estilo, e principalmente, um grande caráter introspectivo. A partir disso, se torna um autor cujas peças musicais apresentam, desde obras, que exigem o virtuosismo extremo do intérprete, até outras de caráter introspectivo de leveza e, muitas vezes, de simplicidade e beleza temática e harmônica comoventes.

Se, em alguns momentos, é necessário o distanciamento do outro, principalmente para a produção artística, o exemplo de Liszt é soberano. No auge de sua carreira, era requisitado por seu virtuosismo pianístico. Essa situação, quase o deixava sem tempo, para compor suas próprias músicas. Inicialmente, após o primeiro casamento, se muda de Paris para Chamonix, onde, distante da vida cultural, anteriormente agitada, começa a compor suas obras musicais. Mas, o glamour dos concertos como virtuose do piano, o leva de volta, aos palcos europeus. E a alternância entre os concertos, pelas principais capitais europeias, impede um maior desenvolvimento no campo da composição.

Ao conhecer a Princesa Carolyne, essa o incentiva sobremaneira, a se dedicar a compor sua própria música. E, na sequência, os impeditivos da Igreja Católica para um possível casamento com ela, como citado anteriormente, o levaram à consciência de que estava em grave estado de pecado, frente aos preceitos religiosos, e culmina com sua reclusão monástica. Esse período se torna, então, de uma vasta produção musical, que desabrocha, portanto, plena e absolutamente, durante seu período monástico. Liszt é a configuração do isolamento opcional, que se reverte em grande configuração, de uma maturidade emocional e criativa.

Diante da santidade dos religiosos

Diante dos problemas emocionais encontrados, ao longo das minhas análises, sobre a vida dos religiosos, ponderei que, talvez, a vida das mulheres religiosas tivesse outra conotação. Ao contrário, tão logo debrucei sobre a vida de algumas religiosas, constatei que a opção religiosa igualmente era realizada sem o mínimo conhecimento das agruras impostas pelo isolamento. O sofrimento determinado pela mudança radical dos valores existenciais faz com que muitos religiosos suportem o fato de viverem, sem a menor perspectiva de vida própria.

O sofrimento emocional com todos os tipos de sequelas e comprometimentos orgânicos somente é aparente em muitos casos, quando abrimos nossa percepção para o fato de que à nossa frente se encontram seres humanos, e não santos, como popularmente os religiosos são definidos.

A chamada santidade serve para todos que buscam a fé religiosa. Apenas nas ordens religiosas, essa busca é feita, através de métodos específicos, que não servem para todos indiscriminadamente, apenas àqueles que possuem grande maturidade emocional e disposição para ascese espiritual.

A visão errônea da maioria das pessoas é que o religioso é alguém mais perfeito, ou até mesmo em estado de graça, pelo convívio com o Sagrado, numa comparação com a maioria das pessoas.

É possível constatar, que atrás de muitas vocações religiosas se esconde um turbilhão de sofrimentos e incertezas existenciais. Também é possível constatar, que as vigas mestras da vida religiosa, os votos de obediência, pobreza e castidade, nada mais são do que uma simples formalização para um novo modo de vida. Na realidade, muitos religiosos encontram sérias dificuldades, para viver a radicalidade decorrente de tais votos. E o estrago provocado pela solidão, sequer é evocado, quando da opção pela vida religiosa.

O voto de obediência, em nossos dias, é praticamente desmoronado e rechaçado diariamente, com a inquietação e dissidência de inúmeros religiosos aos preceitos e ensinamentos maiores da Igreja. Os votos de pobreza sequer resistem à própria opulência da Igreja, em que as ordens religiosas, praticamente, disputam entre si a ostentação da posse, que enriquece seus acervos patrimoniais. E o argumento de que os religiosos nada possuem, e sim as ordens a qual pertencem, é no mínimo hilário. Tome-se como exemplo os camilianos que possuem universidades, hospitais, empresa de saúde, com faturamento gigantesco em suas empresas. Seus religiosos nada possuem, mas andam em carros luxuosíssimos, que estão em nome da ordem; moram em mansões, igualmente majestosas, e que, também, pertencem à ordem. Enfim, vivem algo de muita ostentação e riqueza, com o argumento tosco de que nada possuem, e que tudo pertence à ordem camiliana.

Se adentrarmos, minimamente, no seio de algumas religiões evangélicas, que se dizem cristãs, portanto, seguidoras de alguém que pregou a pobreza e o desprendimento de bens matérias, a coisa fica simplesmente ridícula, grotesca, estapafúrdia e hilariante. Até mesmo foi criada a chamada teologia da prosperidade que, para dizer o mínimo, é totalmente contrário a tudo que o Cristo ensinou.

É na opção da castidade, que nos deparamos com o aspecto mais problemático e, por assim dizer, enigmático, imposto pela Igreja.

Atrás da máscara celibatária, se esconde a condição mais degradante, presente na vida religiosa. A opção de castidade é feita, única e exclusivamente, por condição indissolúvel da própria opção religiosa. Se fosse possível às pessoas que escolhem a vida religiosa declinarem da opção de castidade, seguramente o número de religiosos com essa escolha seria bem menor.

Prescindir do outro, configurado no êxtase de uma relação sexual, não é opção libertária da condição humana. Ao contrário, se trata da aniquilação de uma das necessidades humanas mais dignificantes.

Os mosteiros e conventos escondem, muitas vezes, no seu interior, uma das formas mais desoladoras da condição humana, a cisão da ausência do outro, na configuração da vida comunitária. O outro, na realidade, não pode ser excluído das necessidades existenciais, apenas e tão somente, pelo fato de uma determinada pessoa ir ao encontro de uma opção religiosa. Deus é uma abstração quase sempre inatingível, enquanto o outro é real.

O chamado encontro com Deus não implica, necessariamente, em findar com a necessidade do outro, na vida humana. E, por maior que seja a transcendência mística, que leva determinadas vidas aos limites de uma espiritualidade sentida e arbitrariamente imaginada, essa transcendência ganha contorno e configuração, apenas e tão somente, pela fé perceptiva dessas pessoas.

A solidão abarca os religiosos, com a mesma intensidade, que as demais pessoas. Afinal, apesar da opção religiosa, a condição humana é a mesma. E valores como angústia, tédio existencial, solidão e outros, estarão presentes, da mesma forma, que nas demais pessoas. Ouvi de um padre secular, descrevendo como se sentia aos domingos. Depois de rezar a missa para a comunidade, de receber cumprimentos e elogios, todo mundo ia embora para casa. E ele, também, ia almoçar. Mas, sozinho. Uma sensação dilacerante, que se repetia em ocasiões como o Natal ou noutras festas e celebrações. Ele, que viera de outra cidade, onde sempre fora muito ligado à família, agora vivia em meio a pessoas, até certo ponto, estranhas. Em nome de Deus, é verdade. Mas, nem isso bastava, para aliviar a dor de sua solidão. Diante de seu estado de sofrimento de alma, Deus estava distante e não conseguia atender aos apelos dilacerantes de seu coração, diante da ausência do outro.

Deus estava nas celebrações, no sacrário, na hóstia consagrada e até mesmo na representação da figura dos fiéis, chamados, religiosamente, de irmãos. No entanto, esse Deus, tão presente nessas manifestações, não tinha como se tornar real, diante da ausência do outro.

Tanner[51] coloca, que as relações organizadas do mundo, com seu código de comportamento, fazem da solidão o seu fundamento, cada

[51] Tanner, I. J. *Solidão: O Medo do Amor.* Rio de Janeiro: Editora Record, 1979.

uma a sua maneira, procurando elaborar as normas que encorajam os homens a se arriscarem a amar, de forma a se ajudarem a se elevar acima da solidão. Ele coloca ainda que, embora as religiões reconheçam a existência e a centralidade da solidão, diferem apenas na explicação, quanto à razão dela; algumas se referem à solidão como condição da existência, outras a vinculam à natureza pecadora do homem. Tanner, ministro protestante, com especialização em psicologia, fiel aos princípios cristãos, coloca também, que o cristianismo é a única das grandes religiões mundiais, que coloca que a natureza humana é tal, que afeta, determina e moda a qualidade de seu amor; por isso, a razão de sua solidão é centralizada no pecado. Afirma, ainda, que o pecado original determina, que a solidão humana não é resultado de alguma coisa que ele pessoalmente fez, mas, sim, uma condição de ser pecador, determinado pelo seu próprio nascimento[52]. A condição humana, dessa forma, por si já bastante conflitiva e desesperadora, teria no pecado original, não apenas o espectro da solidão, como também, e principalmente, o próprio desespero da existência[53].

Diante de colocações como estas de Tanner, o meu desejo é que a existência humana nunca necessite dessas reflexões, para se tornar decididamente libertária. Embora não seja certo contrapor esses sofismas teológicos, apresentados pelo cristianismo, na medida em que não sou teólogo, nem tampouco religioso, e sequer espose tais princípios, não posso aceitar a solidão como algo inerente a esse chamado pecado original.

Aceitando a solidão como decorrente do pecado original, iremos remeter à ótica da crença dogmática, um espectro real e verdadeiro, que na sua essência determina a necessidade do outro, para ser minimizado.

Desnecessário alongar esse posicionamento, quando nos deparamos com estragos emocionais, provocados em muitos religiosos, pela solidão.

A solidão não pode ser vista como algo que transcende os limites da existência, em seu hiato de vida e morte. A solidão é inerente à condição humana, e não um desatino, ou punição imposta, apenas e simplesmente pelo fato de nascermos com o pecado original.

[52] *Ibidem. Op. cit.*

[53] *Ibidem. Op. cit.*

As religiões diante do outro

As religiões, no seu afã de explicar, misticamente, a condição humana, dão ao outro, na condição humana, destaque ímpar, e que transcende a própria análise da existência. Eis alguns dos posicionamentos de algumas das principais religiões, sobre a presença do outro:

Budismo: *Não magoe aos outros com aquilo que causa dor a si mesmo.*

Cristianismo: *Não façais aos outros aquilo que não quereis que vos façam.*

Judaísmo: *O que vos causa dor não faça aos vossos semelhantes. Essa é a essência do Torah e o restante não passa de comentários. Vá aprendê-la.*

Hinduísmo: *Essa é a soma do dever, não façais ao outro aquilo que, se feito a vós, causará dor.*

Confucionismo: *Há alguma máxima da bondade do amor que deva nortear toda a vida? Certamente a máxima da bondade do amor é não fazer aos outros o que não deseja que façam a você.*

A tentativa de superação das vicissitudes da condição humana na vida religiosa impõe, muitas vezes, o sofrimento físico, como superação desses desatinos. Teríamos o sofrimento físico como justificativa, para se alcançar a verdadeira ascese espiritual. Nessa medida, o sofrimento físico, visando a própria libertação espiritual, é algo abstrato, diante dos objetivos monásticos e imbricados com formas de violências, que precisam ser extirpadas, de nosso seio social. Uma simples observação na vida dos santos, mesmo naqueles que deram origem às principais ordens religiosas, mostra que o sofrimento físico nada significa, diante da busca da elevação espiritual.

Num trecho do Cântico do Irmão Sol[54], atribuído a São Francisco de Assis, fica notória a necessidade de superação dos sofrimentos, tidos como humanos, para se alcançar a verdadeira espiritualidade: *Louvado seja, ó meu Senhor, pelos que perdoam por amor de Ti, e suportam enfermidades e tribulação. Bem- aventurados aqueles que as sofrem em paz, pois que por Ti, ó Altíssimo, serão coroados*[55].

[54] *Cântico do Irmão Sol*, Petrópolis: Editora Vozes, 1980.

[55] *Ibidem. Op. cit.*

A própria definição de religiosidade, é algo bastante complexo. E torna bastante tênue a divisão entre os religiosos, que vivem de acordo com os preceitos de uma comunidade religiosa e os fiéis desvinculados de instituições religiosas. Assim, é bastante frequente ouvir, que determinada pessoa tenha consagrado sua vida à Deus, mesmo sem haver se tornado um religioso, nos moldes das religiões, padre, monge, pastor, etc.

Em nossa sociedade, não há instituições sem regras sabáticas, se supondo que a natureza humana exige tempo, para a prece, independentemente do que tenha feito. É como se tivéssemos uma capacidade inalienável para a religiosidade. No comércio e na indústria, essa suposição está subjacente no domingo de folga e alguns feriados religiosos[56]. Nesse sentido, é possível a previsão, de que, dentro de algum tempo, a questão da solidão será inserida nos preceitos religiosos, de forma explícita. Dessa forma, fará parte dos ensinamentos, que devem ser seguidos, rumo ao encontro da verdadeira espiritualidade.

A fragilidade das pessoas, diante da solidão, no entanto, faz com que determinados posicionamentos religiosos, se tornem apenas aspectos meramente filosóficos. E de uma prática distante daquilo que é realmente suportável, pela alma humana, pelo menos em relação à maioria das pessoas.

Solidão.

Simplesmente solidão. A desafiar os preceitos de todos, que ousam se contrapor aos seus desígnios e mazelas. A dor de alma, provocada pela solidão, até pode ser enfrentada pela oração. Mas a verdadeira liberação da solidão, seguramente, ainda está muito distante dos anseios e alcances humanos.

Alguns anos atrás, proferi uma conferência sobre solidão, numa cidade do interior de São Paulo. Na parte destinada às perguntas, fui interpelado por uma pessoa, que me dirigiu alguns impropérios, culminando em dizer, que eu deveria procurar por Deus, ao invés de levar, a um número tão grande de ouvintes, coisas tão desesperançosas, sobre a solidão. Argumentei, então, que não estava criando uma teoria sobre solidão, ao contrário, descrevia apenas, sentimentos, sobejamente conhecido por todos. E que não havia inventado a solidão, nem tampouco o sofrimento,

[56] *Manicômios, Prisões e Conventos. Op. cit.*

provocado por ela. Nada dizia, que não fosse do conhecimento absoluto de tantos quantos me ouvissem e interpelassem. Falava, praticamente, sobre o óbvio. Num dado momento, esta pessoa irrompeu num choro profundo, dizendo que há anos fugia da solidão, e que, desesperadoramente, sentia que estava sucumbindo em suas garras.

O descontrole dessa pessoa, diante de uma plateia, com a qual não tinha a menor intimidade, me mostrou, claramente, a própria evidência de que a solidão é algo além de uma simples teorização, com a qual se buscava a compreensão de alguns aspectos existenciais.

Posteriormente, conversamos numa situação de privacidade, e esta pessoa contou que, até mesmo a vida religiosa havia sido buscada. Mas, diante da solidão, que aniquilava sua alma, nem a oração, nem a presença de outros religiosos eram suficientes, para trazer algum alívio.

Sobre o abandono da condição humana

As ordens religiosas possuem especificidades, que fazem de seus seguidores, pessoas que necessitam do abandono da própria condição humana, para darem sequência à chamada vocação religiosa. Evidentemente, que as ordens religiosas, e mesmo os seculares, que se dedicam a atividades com derivações sociais, não apresentam o agravamento da solidão, na medida em que a própria atividade os leva ao encontro da presença do outro. Nesses casos, se abandona a si, indo ao encontro de Deus, na figura do outro. Deus é a personificação da figura do outro, principalmente, daquele que sofre. Existe, então, uma contraposição de idealização, em que Deus se torna o outro, buscado intensamente, seja através da oração, seja através da condição libertária de fraternidade, junto aos necessitados. O outro se torna a razão de ser, de toda a entrega e abandono da própria vida.

Evidentemente, que, quando descrevemos casos peculiares, estamos apenas apanhando uma pequena evidência de um grande fenômeno. No entanto, é possível clarificar a questão, de que a solidão é algo, que transcende os esforços humanos, que tentam simplesmente, aniquilá-los de vez, da vida humana.

A ideia de que a vida religiosa, automaticamente, afasta o espectro da solidão da vida humana, é reducionismo simplista. Na verdade, cumpre investigar quais as reais motivações que levam pessoas a ingressar numa ordem religiosa, ou mesmo se tornarem religiosos seculares.

Apenas pessoas, emocionalmente, amadurecidas e que não busquem na religião a fuga de seus problemas pessoais, mas, sim, as realizações de valores específicos, poderão suportar, não só a solidão, mas todos os outros problemas inerentes à vida religiosa. Que não desaparecem magicamente, através do simples ingresso nessa vida.

A solidão pode ser minimizada, através de alguns métodos de transcendência, incluindo-se aí a própria oração. A busca de Deus procura um novo sentido para a solidão. A solidão jamais é dizimada. Ao menos, até onde seja possível alcançar a nossa percepção.

Solidão.

Simplesmente solidão.

CAPÍTULO 6

Solidão e velhice

A crueldade da solidão na velhice

É na velhice que a solidão apresenta uma de suas facetas mais desesperadoras. E cruéis. É comum inclusive, a associação direta da solidão com a velhice. Existe toda uma propulsão social, no sentido de considerar, até mesmo como normal, o sofrimento legado ao *velho,* pela solidão.

A sociedade, preocupada com lucros e produtividade, promove uma amnésia social, em que o ser humano é esquecido de sua condição. Nessa medida, em que passa a fazer parte de um contexto, em que a idade é vista como limitadora, deturpadora, destruidora, na continuidade da capacidade de crescimento do ser humano, que tem muito a ensinar, pois possui anos de vivência e experiência. O presente, muitas vezes, é explicado através da própria experiência vivida, mas o *velho*, no entanto, não é ouvido através de suas experiências. Ao contrário, essas experiências são desprezadas, na quase totalidade das vezes, até mesmo pelas rotulações de senilidade. E se o *velho* é considerado inútil e desprovido de vida própria, a realidade, por outro lado, configura o distanciamento da dignidade humana, diante de atos tão desumanos[57].

Como agravante desse caos social, legado à velhice, temos o fato de que, ao se tornar novamente consumidor, dentro do prisma social de consumismo, o velho voltou a ser considerado, com respeito e dignidade, em alguns contextos. Assim, grandes redes farmacêuticas passaram a concentrar esforços, em busca desse consumidor potencial, de seus produtos. Afinal, por se tratar de uma população que consome quantidades significativas de medicamentos, alguns, inclusive, diários e

[57] *Suicídio. Uma Alternativa à Vida. Fragmentos de Psicoterapia Existencial. Op. cit.*

de uso contínuo, houve todo um movimento de marketing no sentido de atrair esse consumidor.

Da mesma forma, agências de turismo passaram a investir em programas, destinados à chamada terceira idade, com todo o marketing necessário, para atrair esse consumidor. Há desde programas em grupos, até a indicação de que terão assessorias especializadas, em suas viagens; a terceira idade se tornou alvo do marketing dessas agências. Bancos passaram a investir em planos específicos de previdência privada, objetivando essa clientela.

Beauvoir[58] coloca, que, se a cultura não fosse um saber inerte, adquirido de uma vez por toda, para ser, em seguida, esquecida, se fosse, pelo contrário, prática e viva, e se o indivíduo com o seu auxílio pudesse agir sobre seu ambiente de uma maneira que se iria realizando e renovando no decorrer dos anos, o velho poderia ser, em todas as idades, um cidadão ativo e útil. Se não fosse aterrorizado desde criança... Se participasse de uma vida coletiva, tão cotidiana e essencial como a sua própria vida, ele nunca viria a conhecer o exílio. É dizer que a nossa propulsão social é consumista, e apenas, quando se tornou, novamente, consumidor, o *velho* passou a ser respeitado nessa estrutura.

O *velho* tem sua dignidade existencial aviltada, de maneira desumana. A solidão e o vazio existencial são inerentes ao homem contemporâneo, vimos anteriormente, mas com a proximidade da velhice, estes sentimentos se tornam, cada vez mais, angustiantes.

Na velhice ocorre o sentimento de abandono conivente ao abandono real, que ocorre em suas vidas. A velhice é revestida por um sentimento de angústia, em que se perde o sentido de significação, e, aos poucos, se vê frente a um vazio existencial nunca preenchido pela essência do ser. Todo seu trabalho, suas lutas anteriores e até mesmo seu sentido de significação estavam sedimentados na confiança e afeto de seus semelhantes mais próximos.

Esta perda de significação é condizente com sua realidade: passa de uma situação de abandono, perdendo os papéis, que desempenhava, dentro de um contexto sóciofamiliar. Esta situação é questionada, dramaticamente, em sua existência, pois os mesmos familiares, que rejeita o

[58] Beauvoir, S. *Na Força da Idade*. São Paulo: Difusão Europeia do Livro, 1970.

velho, tiveram sua totalidade e sustentação realizadas por ele, que, agora, se vê considerado desprovido de significação.

Abandonado!

E relegado a uma total carência afetiva e material. E, na medida em que são abandonados pelo núcleo familiar, aos poucos também se abandonam, desprezando contínua e fluentemente, todos os contatos com o mundo exterior, vivendo quase que, exclusivamente, de reminiscências e promessas, de um tempo bom, que se perdeu no ser e no espaço. Ele espera atento, que o céu cinzento lhe traga o Sol.

A perda do sentido de vida é conflitante e angustiante, levando a um sentimento de culpabilidade e nulidade, quando se defronta com as imposições sociais, que lhe são negadas, independentemente, das condições físicas, muitas vezes aptas, para o desempenho de tais atribuições. Esta perda leva a outros objetivos existenciais, diferentes daqueles concebidos em outros momentos de vida[59].

Oscar Wilde[60], em um dos mais estupendos romances da literatura mundial, o magnífico O Retrato de Dorian Gray, nos mostra uma personagem, que envelhece, apenas no espelho, permanecendo jovem sem seu constitutivo físico. E o que temos é, que embora eternamente jovem, Dorian Gray não consegue convívio harmonioso com os jovens das novas gerações, subsequente à sua. O que se extraí dessa incrível obra é que o nosso desenvolvimento, em suas diferentes etapas, nos forja para cada etapa da vida, e ao se tentar mudar esse encadeamento, estamos, na realidade, negando que, inclusive, o próprio envelhecimento é uma das etapas da vida, a ser cumprida ,de maneira integral.

Nos arrecifes de Olinda

Estava sentado nos arrecifes de Olinda. O relógio marcava 17h30min. Em Olinda, no outono, o dia escurece cedo. Nesse horário, os raios do Sol mal conseguem iluminar a cidade, e a praia. Há pouco observa um grupo de jovens, jogando futebol na praia, enquanto outro

[59] *Suicídio. Uma Alternativa à Vida. Fragmentos de Psicoterapia Existencial. Op. cit.*

[60] Wilde, O. *O Retrato de Dorian Gray*. São Paulo: Círculo do Livro, 1982.

punhado de adolescentes enfrentava as ondas do mar, com suas pranchas de surf.

O arrecife, onde me encontrava, avança cerca de 3.000m, mar adentro. E o movimento de pessoas com redes, varas de pescar, molinetes, anzóis e todo tipo de apetrechos de pesca, é muito intenso. Ainda que não aceite a pesca, caça e outras tantas atrocidades cometidas contra os animais, principalmente quando é feita com o intuito de lazer, estava a observar o frenesi das pessoas, nessas atividades junto ao mar.

As 18h é noite, de um negrume muito escuro, apenas atenuado com o brilho prateado do luamento, sobre as águas do mar.

Ao meu lado, observo um homem de cerca de 70 anos de idade que, sentado nas pedras, segura uma vara de pescar. Seu cabelo é esbranquiçado pelo tempo, e sua pele mostra sinais bem marcantes de ter sido curtida pelo Sol. Suas mãos mostram indícios bastante evidentes de trabalho duro e desgastante.

Conversamos

Seus olhos mostram um brilho de muita vida, sob as pálpebras bastante cansadas. Diz que costuma chegar perto das 18h, para pescar, indo embora para casa somente pelas 5h, quando o Sol raia fulminante, variando esse horário de permanência, de acordo com as épocas do ano.

Pergunto sobre sua vida.

Ele, mansamente, com uma voz rouca e pausada, desfia fatos de sua existência.

E após vaguear sobre dados de sua juventude, centraliza a conversa em torno de sua condição atual.

A velhice[61], narra Antônio, esse seu nome, *é algo muito duro, difícil. As pessoas mais jovens não respeitam os velhos. Tudo que fizemos e vivemos. Os mais jovens ignoram totalmente o velho. Eles passam por nós e agem como se não existíssemos. Raramente, alguém conversa com a gente. Só outro velho para conversar com um velho. E veja que minha experiência poderia ser muito útil pra essa meninada, que está começando a aprender pescar.*

Durante muitos anos, vivi da atividade da pesca, indo pescar em alto-mar com meus companheiros, em pequenas embarcações. Naquela época, o movimento

[61] Tentei arrolar nesse depoimento a essência do que foi narrado. Evidentemente que existem falhas nessa reconstrução, até porque a conversa não foi gravada, e houve apenas uma tentativa de reconstrução do depoimento.

das águas do mar fazia parte da pulsação do meu coração. Até mesmo nas noites de chuva, enfrentávamos a fúria das águas do mar, em busca de peixe. Hoje, só restam lembranças desses tempos. Nem mesmo os companheiros estão por aqui, alguns mudaram de cidades, outros se foram para a eternidade. Nunca mais tive notícias deles.

O prazer que tenho de passar a noite pescando, com a brisa do mar batendo no rosto, é inenarrável. Isso faz com que me sinta vivo.

Nesse momento, Antônio sente que fisgou algo, pois sua vara começa a dobrar, numa curvatura bem acentuada, mostrando evidência da luta travada pelo peixe, na tentativa de se libertar da isca. E eu que sou contrário a tudo isso, em processo de ascese espiritual, me pergunto o que faço ali, e a razão de ter que presenciar tanta crueldade, contra animais indefesos. Enfim...

Antônio recolhe a linha e retira das águas uma raia de cerca de 2 quilos.

Nesse momento, um grupo de pessoas corre junto de Antônio. Pescadores jovens, curiosos, observam atônitos e atentos a técnica de Antônio, no domínio da raia.

Antônio pega uma faca. E, antes de tirar o peixe do anzol, explica que, primeiramente, é necessário cortar o rabo da raia, pois sua rabeada é muito contundente. Diz, ainda, que a raia, em alto mar, se defende com o rabo, e que esse, uma vez extraído, torna esse peixe tão contundente e agressivo, sequer em condições de sobrevivência. O rabo é para a raia a principal forma de defesa e sobrevivência, em alto mar.

E todos, jovens, adolescentes, pescadores, mulheres, observam a forma como Antônio mutila o rabo da raia.

Pronto. Em questões de segundos, o rabo é separado do corpo com uma facada certeira e segura, e dado de presente às crianças que passam, para utilizá-lo como se fosse um chicote.

Em seguida, Antônio cumpre o cerimonial de tirar a raia, ainda ofegante, do anzol, jogando-a em seguida, dentro do cesto destinado aos peixes apanhados.

O grupo, depois de apreciar a performance de Antônio, no domínio da raia, se dispersa. E, novamente, ele e eu continuamos a conversar.

É sempre assim, continua Antônio, *quando se pega um peixe difícil, todo mundo corre pra ver, se a gente é capaz de lidar com ele. E, olha, que apesar de ter muita raia nesse mar, não é qualquer que sabe amansar a fera. No entanto, se eu tentar ensinar a algum jovem como se domina uma raia depois de apanhada, ele não vai nem mesmo me dar ouvidos. Isso porque sou velho. Alguém que, na opinião deles, só serve para reclamar da vida e que não tem mais nada pra ensinar, pois o seu tempo já passou.*

E veja, no entanto, o número de pessoas que correu aqui, pra ver como dominava uma raia. Outro dia, pesquei algumas raias e algumas moreias, mas cada vez que retirava alguma raia da água, corria um punhado de gente pra observar. Todos observam, aprendem a técnica, mas sequer se dignam a dirigir a palavra a um velho. Ainda que seja para cumprimentá-lo pelo primor de sua experiência.

Fico, a noite inteira, pescando. E se não tiver outros velhos no pedaço, passo a noite inteira sem conversar com ninguém. Parece, que apenas algumas pessoas têm coragem pra conversar com um velho.

Acho que os mais jovens têm medo de se contaminar de velhice, por isso evitam até mesmo olhar para o velho.

Continuamos a conversar. Aos poucos, o rancor de Antônio pelo desprezo dos mais jovens se atenua. E ele me conta do tempo em que as águas do mar invadiam Olinda, e da necessidade da colocação dos arrecifes, para impedir o avanço das águas sobre a cidade. A conversa flui lenta e agradável. Os peixes são retirados da água e do anzol com uma naturalidade que, observando seus gestos, parece tudo tão simples e trivial, que é difícil imaginar que os outros pescadores não dominem essa técnica. Seus trejeitos demonstram uma sabedoria e um equilíbrio interior, seguramente enriquecido pela vivência junto ao mar.

Observo, repentinamente os primeiros raios de Sol anunciando o dia. Antônio coloca, então, que está na hora de ir para casa repousar.

Na despedida, agradeço pelos ensinamentos, e conto a ele minha total ojeriza dessa matança animal indiscriminada. E que havia sido uma grande superação, de minha parte, ter permanecido ao seu lado. Algo possível, apenas e tão somente, pelo fascínio que sua visão de mundo exerceu sobre o meu ser.

Ele ri, como se a minha fala fosse desconectada daquela realidade. E, de fato, era; seu universo era a pesca e não aceitava nada que pudesse se contrapor a isso.

Digo que havia ficado fascinado com a sua síntese de vida. E que ele, embora não tivesse escolaridade, tinha uma das visões mais interessantes que havia visto em vida, sobre a singularidade da existência humana. Incrédulo, ele diz *como um doutor pode aprender com um simples pescador?* Digo, então, que a sua sabedoria de vida é algo que transcende o ensinamento formal das escolas. Ele se emociona e lacrimeja. Afinal, sua sabedoria estava sendo reconhecida e plenamente aceita.

Sobre o isolamento do idoso

O isolamento do idoso, a maneira como é excluído de participação social é, por si, um dos aspectos mais dolorosos da condição humana. Torres[62] e colaboradores colocam que a velhice é uma etapa do desenvolvimento físico e psicológico de todo ser humano. Portanto, tratar os anos mais tardios como se fossem um apêndice doentio da vida, e não uma conclusão vital, é parte da neurose do nosso tempo[63]. Os aspectos psicológicos de uma sociedade, eminentemente tecnocrata e pragmática, deslocando, reprimindo e negando a ideia da morte, desvalorizam e marginalizam a velhice. Impedem que a ideia de morte seja trabalhada e vivida, nessa etapa, levando o *velho* a ver na morte, apenas uma saída desesperada.

Inserida em nosso contexto sóciocultural, a velhice sofre uma série de pressões e influências, que, uma vez assimilada, acabam por fragilizar, para não dizer imbecilizar, essa última fase do desenvolvimento. Assim, muitos dos aspectos psicológicos da velhice, ausência de motivação, inapetência, indiferença intelectual, tédio, sentimento de decadência, insegurança e maior dependência afetiva, refúgio em hábitos obsessivos, avareza, ruptura de comunicação, são características próprias dessa fase. Entretanto, são reforçadas, de um lado, pela hostilidade de nossa sociedade em relação ao *velho*, e, de outro, pelo próprio *velho,* como defesa contra toda essa hostilidade.

Skinnder e Vaughan[64], por outro lado, colocam que, usualmente, a velhice significa mudanças quanto aonde e como vivemos. Talvez nos mudemos para uma casa menor. Para um país ou clima mais quente. Para mais perto, ou mais longe de nossos filhos. Para perto de coisas

[62] Torres, C. W.; Guedes, G. W.; Ebert, T. T. H.; Torres, C. R., *Morte Como Fator de Desenvolvimento Humano* in *Arquivos Brasileiros de Psicologia*. Vol. 36, abril/junho 1983.

[63] *Ibidem. Op. cit.*

[64] Skiner, B. F.; Vaughan, M. E. *Viva Bem a Velhice*. São Paulo: Summus Editorial, 1986.

de que gostamos, especialmente, ou para um local menos dispendioso. Um velho casal se muda corajosamente, para um novo mundo, seguros de terem um ao outro, mas logo o membro sobrevivente, em geral, a mulher, se vê solitário[65].

O tédio e a solidão na velhice, configura-se como sendo a falta de possibilidade de realização de atividades desenvolvidas no passado. É como se a própria vida não mais possibilitasse a efetivação da experiência acumulada, ao longo do caminho. É dizer que há uma necessidade de se despojar dos ensinamentos acumulados, pelo fato de se estar em um período de vida e desenvolvimento, em que nada mais é permitido, que não o isolamento. A solidão nesse período é, praticamente, a totalidade da existência na real configuração da ausência do outro.

E embora existam tantos movimentos de defesa do velho, é inegável que vivemos, em âmbito mundial, uma verdadeira gerontocracia. Temos, então, velhos, influindo sobre tudo. Combatendo os anseios dos mais jovens, impedindo-os de assumir o poder e determinar novos padrões de convívio. A maioria dos governos é composta por velhos, sendo que o mundo, assim, é dirigido por uma população idosa. Uma minoria, na comparação direta com a grande maioria dos velhos que vive marginalizada, mas uma minoria que com grande poder econômico e social, e pouca sabedoria de vida determina as condições de atrocidades e exclusão social vivida pela maioria dos países.

No oriente, a velhice é respeitada, e em muitos casos, chega mesmo a ser venerada e glorificada. A sabedoria de ensinamentos milenares repousa nos velhos, que a transmite em verdadeiros rituais cerimoniais. A própria imagem do *velho* no oriente, quase sempre nos mostra um sábio risonho que, semelhante à expressão de uma criança, aprendeu o segredo e a essência da própria existência.

No ocidente, ao contrário, apenas recentemente, em função do significativo aumento de velhos no seio social, é que houve a intensificação de estudos sobre a velhice e a descoberta de técnicas capazes de atenuá-la ou retardá-la.

O envelhecimento é acompanhado por uma frequência crescente de perdas reais, e por um medo que se antecipa aos acontecimentos reais.

[65] *Ibidem. Op. cit.*

De forma gradativa, igualmente, o envelhecimento é também acompanhado pela perda gradativa de nossa identidade, os músculos começam a perder vigor, as reações químicas do corpo passam a decrescer. A perspectiva de perder nossa independência pode nos lançar a um desespero crescente. E a constatação de que, até os próprios movimentos dependerão da ajuda do outro, significa o abandono da própria condição de vida.

Selye[66] define o estresse como sendo o esgotamento do corpo, mantendo uma relação direta com o processo de envelhecimento. Coloca, ainda, que em todas as autópsias que realizou, nunca encontrou uma pessoa sequer, que tivesse, realmente, morrido de velhice. Ele afirma, inclusive, não acreditar que alguém tenha morrido de velhice. Segundo concebe, morrer de velhice significa que todos os órgãos do corpo teriam se desgastado proporcionalmente, simplesmente por terem sido usados por um número absurdo de anos. E isso, na realidade, nunca ocorre. Na maioria das vezes, ainda segundo Selye, morremos porque uma parte vital do nosso corpo se desgastou demais, em relação ao resto do corpo. E esse órgão que se esgota primeiramente, arruína todo o organismo, porque as outras partes se ressentem de seu problema[67].

Vimos, anteriormente, que a nossa própria vida ganha significado, a partir do outro. Fato que por si nos dá a configuração de que, quanto mais vivemos o outro, recebendo e trocando afetos, através da interação interpessoal intensa, que envolve os relacionamentos humanos, maiores serão os nossos sentimentos de abandono e isolamento, quando nos sentirmos abandonados por ele.

O envelhecimento torna o isolamento individual uma realidade das mais agudas. As perdas sucessivas, físicas, emocionais, situacionais dentre outras, que acompanham o processo de envelhecimento, forçam o idoso a se adaptar a essa nova realidade, num enfrentamento para o qual, na maioria das vezes, não se preparou ao longo da vida.

E, se levarmos em conta, que cada perda existencial leva consigo um pedaço muito grande da nossa própria vida, as perdas que se acumulam na velhice destroçam, existencialmente, o que ainda resta de dignidade do idoso. Numa mera citação, podemos colocar o número de pessoas que,

[66] Selye, H. *The Stress of Life*. New Yoirk: Ed McGraw Hill, 1956.

[67] *Ibidem. Op. cit.*

após anos de trabalho, dentro de uma empresa, frequentando a associação esportiva da empresa, o ambiente de trabalho, festas de congraçamento entre os funcionários, etc, se vê, após a aposentadoria, simplesmente impedido de ter acesso aos locais privativos dessa empresa. Assim, toda a significação existencial decorrente dos vínculos afetivos, originados a partir de sua relação com essa empresa, se torna, simplesmente, coisas excluídas de sua existência, num processo abrupto e desumano.

Os momentos vividos, seja no próprio ambiente de trabalho, seja nos momentos de festas ou atividades desportivas ou de lazer, são arrancados de sua vida, sem a menor consideração do real significado desses fatos, em sua vida. Simplesmente, deixa de fazer parte da empresa. A mensagem recebida é clara e objetiva, você era uma pequena peça de uma grande engrenagem, e foi substituída por uma peça mais nova. Sentimentos, laços afetivos, e até mesmo o fato dessa se considerar como sendo parte da grande família, representada pelos membros dessa empresa, nada significam diante da atrocidade mostrada pela imposição desse isolamento. Hábitos, trejeitos, trivialidades, tudo é arrancando, com a pessoa se sentindo excluída de sua própria vida. Assim, vê coisas que, de alguma forma, significam a própria existência, serem extraídas, sem a menor consideração com aquilo que sente, pensa e necessita.

O idoso e a vulnerabilidade humana

Charbonneau[68] coloca que todo ser humano é vulnerável, por natureza. Vulnerável em seu corpo, que cede ao peso da velhice, da doença e da morte imprevista. Há desgaste somático, que é o preço que pagamos ao tempo. É vulnerável, sobretudo em sua alma, aberta a todos os ventos, e que os caminhos tortuosos da existência atingem em cheio. Amores são dilacerados, esperanças são fraudadas, promessas são traídas, e o coração é ferido, muitas vezes, tão profundamente, que jamais a ferida poderá ser substituída por uma cicatriz. É dizer que o ser humano vive em estado de insegurança, sensível aos menores tremores, dilacerado pelas tempestades, que o fazem balançar em seus abalos enlouquecedores.

[68] Charbonneau, E. *Crônicas da Solidão*. São Paulo: Editora Pedagógica e Universitária, 1984.

A solidão, embora fenômeno inerente à própria condição humana, se apresenta de forma diferente, de acordo com a peculiaridade individual de cada pessoa. Não há como definir, operacionalmente, os sentimentos vividos por uma determinada pessoa, seja ela idosa, criança ou adulta. A solidão, assim como os demais sentimentos, não se expressa de maneira absoluta assim como é branca uma determinada parede, ou preta a cor de determinada substância. Seu expressionismo é único, peculiar, sendo verdadeiro, apenas para a pessoa que a vivencia. Apenas se sente a intensidade de sua abrangência, no estrangulamento dos limiares da alma e do coração.

O idoso não tem como sedimentar planos, para uma vida digna, na medida em que sua existência é tida como inútil. Não existe forma, nem aspectos, que se sobreponham ao desrespeito de sua condição no seio da sociedade. E o dimensionamento de sua existência é feito, a partir daquilo que lhe é imposto, e não do que propriamente concebe, como mundo no raio de ação de seu campo perceptivo. A solidão surge, ocupando um espaço no vazio de sua vida. E não há como buscar alívio para o sofrimento provocado, na medida em que se vê como sendo solitário.

A questão da solidão, que até mesmo em outras fases da vida, é vista como sendo um problema individual, na velhice ganha contornos ainda mais inextricável, na maneira como o idoso é desprezado em seus anseios existenciais mais básicos. A nossa sociedade é desumana e cruel com todos, que não tenham significado no contexto produtivo. E isso vale para o idoso, mas também para outras pessoas, que estejam alijadas do convívio social, como as que se encontram em instituições asilares, por estarem em sofrimento psíquico, e mesmo outras doenças. E, também, as que se encontram em instituições prisionais.

Sempre é possível viver dentro de um prisma razoável de harmonia. A questão, apenas, é concretizar a própria sedimentação daquilo que se concebe, como dignidade existencial. A solidão, assim, é como estar em vários lugares, ao mesmo tempo, se ressentir da ausência do outro. É viver em busca de algo, que, insolitamente, não conseguimos identificar ou até mesmo definir. É a vida, correndo em seu leito natural, com a tentativa, muitas vezes lúgubre, de se atenuar a própria transcendência dos fatos vividos.

Vivemos numa condição em que, sequer dimensionamos a razão da própria existência, tenha ela ou não concretude, frente a determinados valores. A velhice escancara esses fatos de maneira ímpar, daí derivando todo o manto de insensatez, que acoberta esse período de vida.

A velhice abarca em si a vivência de tudo que foi vivido; a nostalgia que envolve a lembrança de determinados momentos é por si desencadeante de muito sofrimento, por escancarar a situação marginal desse período. E a solidão surge como mais uma das facetas, que tornam esse período da vida peculiar, frente a outras etapas.

Tudo que é reivindicado em termos de respeito à pessoa do idoso, apresenta nos bojos de seus ideais a solidão, como forma de dignidade existencial. A solidão existe na velhice, como também existe em outros períodos da vida. Tratá-la como se fosse apenas exclusividade desse período é negar a própria condição da solidão, ao longo de toda uma vida.

Solidão.

Simplesmente solidão.

CAPÍTULO 7

Solidão criativa

A solidão como fonte de vida

Vivo na Serra da Cantareira, a maior reserva florestal urbana do planeta, e que dista apenas 21 km do centro de São Paulo. Essa exuberante floresta é, até mesmo desconhecida para os paulistanos, que acabam acreditando que São Paulo é apenas e tão somente o conjunto de prédios espigões admirável, e que compõem um cenário de pompa inigualável. Mas São Paulo também possui a maior represa existente, dentro de uma cidade. E ainda apresenta duas tribos indígenas, condição ainda mais insólita, para uma metrópole de seu porte.

Da minha janela, observo as montanhas em cenário verdadeiramente onírico. E, como se fosse um passe de mágica, em cinquenta minutos chego na Av. Paulista e Praça Roosevelt, para assistir aos concertos, filmes, peças de teatro, que tanto me encantam a alma. E, também, para usufruir de amigos, que fazem parte desses cantos. Depois, simplesmente, outros cinquenta minutos e estou junto aos esquilos, bugios e tantas espécies, que fazem parte dessa mata encantada.

Viver na Serra da Cantareira é, ao mesmo tempo se isolar, para receber toda a energia desse lugar, e, sequencialmente, se deslocar, para ir ao encontro do outro, no centro de São Paulo. Uma alternância, que faz da própria vida, um hiato de prazer, diante de tanto sofrimento, com que nos deparamos, ao longo do caminho.

E assim adentramos num caminho, em que a solidão se apresenta como fonte de energização criativa. Casos em que a pessoa se isola do outro, e cria condições de enriquecimento da alma e, até mesmo, da produção de trabalhos intelectuais e artísticos. Nesses casos, a solidão deixa de ser uma cruel imposição da própria existência, e ao contrário, se torna opção de isolamento e busca existencial.

Solidão e isolamento, embora pertencentes ao mesmo tipo de vivência, têm, no caso de ser vivido, enquanto opção, a condição de transbordar aspectos inerentes da criatividade da condição humana. Seguramente, muitas obras literárias, artísticas e intelectuais foram concebidas, a partir do isolamento de seu autor. Até mesmo grandes decisões, que envolvem o destino de milhares de pessoas, sem margem de erro nessas afirmações, foram preconizadas num total estado de isolamento. É dizer que a solidão e o isolamento, buscados como opção, pudessem contrapor e se configurar, como sendo a transparência em que o sofrimento humano, no caso da solidão, aniquila com uma determinada vida, ou, então, em que a própria condição humana se arrebata em exuberância.

A solidão, enquanto condição inerente à produção e propulsão criativa, mostra claramente, o fato da solidão ser vivida de muitas maneiras. E, necessariamente, não apresentando as mesmas condições de aniquilamento, para diferentes pessoas. O *estar só*, nesses casos, é sorvido de maneira gratificante, gerando produções intelectuais e artísticas, ou, ainda, o enriquecimento emocional e até espiritual, para muitas pessoas.

A questão importante é observar a maneira pela qual a pessoa se encontra, nessa situação de isolamento. A opção pelo *estar só* implica num distanciamento de situações em que a solidão é desesperadora, podendo até gerar um crescimento e maturidade emocional pelo sofrimento aniquilador, mas, sem dúvida, bastante diferente das situações opcionais.

É a vida, que, diante do desespero, sente que a própria dimensão da dor se esvai, nas garras da solidão opcional. É quando o ser humano mergulha em sua subjetividade, e confronta a configuração real da condição humana. Não é por outra razão, que as obras intelectuais e artísticas mostram de forma tão viva e marcante essa condição. Também é na solidão, que a vida escancara a nudez da alma, propiciando formas de descrição, impossíveis de serem realizadas, de outra forma que não no total isolamento do outro. A própria reminiscência em que a presença do outro era configuração real, ganha contornos mais precisos no isolamento.

A existência apresenta facetas, que se contrapõem diante das digressões e questionamentos, buscados como teor de compreensão de sua essência. E, na solidão, essa configuração atinge níveis sequer suportáveis, diante da condição insólita da própria condição humana. Não há como reverberar uma conceituação formal do que seja a opção pela solidão e que aspectos da vida humana ela envolve, e igualmente, que aspectos escapam de sua abrangência.

A vida é definida, a partir de um conjunto de enunciados biológicos, químicos, físicos, etc. Assim, é possível definir, como viva, uma pessoa que apresenta batimentos cardíacos, além de uma pressão arterial, que apresente condições mínimas, dentro de um quadro, perfeitamente definível e verificável, a partir do uso de determinados instrumentos. Igualmente, o avanço da ciência permite até mesmo o transplante de determinados órgãos, no afã de se manter a qualidade de vida, a condição da diminuição da dor provocada por tais intervenções, etc. Tudo isso perfeitamente identificável, testado e comprovado, não apenas experimentalmente, como também concretizado, a partir da quantificação, muitas vezes realizada até por computadores. A solidão surge, diante de tanta solidez e absolutismo da ciência, como uma abstração que, embora não apresente formas concretas, repousa serena, no seio da condição humana. Suas manifestações, sejam opcionais ou não, adquirem contornos, pela maneira como determinam suas sequelas, no resultado de suas manifestações.

Não há como dimensionar em gênero, número e grau, a essência da solidão. Ao contrário, inclusive, apesar de todas as abstrações e até mesmo digressões filosóficas, que a cercam, a solidão é meramente perceptiva. A conceituação da solidão é uma abstração de difícil apreensão, embora diante de suas garras, um número muito grande de pessoas sucumba, diariamente.

Isolamento e criatividade

O isolamento é associado diretamente à criatividade. Não é possível a concepção de determinadas criações, longe da situação de isolamento. Não há como pensar na execução de um quadro, minuciosamente elaborado, sem pensar no total isolamento do artista. O estar só, nessas situações, enriquece a alma, no sentido de permitir uma introspecção, até seus limites máximos. Depoimentos de muitas pessoas, atormentadas pela solidão, apresentam momentos em que o isolamento foi vivido como opção. E busca também o enriquecimento emocional e espiritual. Mesmo os religiosos, como vimos anteriormente, sofrem, duramente o espectro da solidão. Ainda assim, eles têm nos momentos de opção de isolamento, o contato com a espiritualidade tão desejada e ardentemente procurada.

Existem inúmeros depoimentos de artistas e intelectuais que apresentam, quase em uníssono, o fato de necessitarem do isolamento, para poderem produzir e assim se desenvolver, enquanto pessoas e até mesmo artisticamente.

A questão, que se sobressai nesse ponteamento, é saber quando a solidão é aniquiladora e quando, então, ela se torna enriquecedora. A questão da opção, sem dúvida, é determinante de significado bastante preciso, nesse aspecto. No entanto, por si, é suficiente para estabelecer essa diferença. Ou até mesmo o que acontece como nos casos dos religiosos que procuram pelo isolamento como opção de vida, e são, posteriormente, arrasados pela solidão. Ou, ainda, pessoas que, cansadas da agitação da cidade grande, procuram pelo isolamento nos períodos de férias, mas, logo após os primeiros dias de descanso, se desesperam pela ausência do ruído e turbulência, encontrados apenas nos grandes centros urbanos.

Estas questões, além de complexas em sua compreensão, apresentam fatos tão enigmáticos em seu bojo, que seria no mínimo imprudência, tentar encontrar uma resposta que não levasse em conta cada peculiaridade, existente em cada pessoa, individualmente.

As realizações obtidas nas situações de isolamento mostram que a solidão, vivida doce e suavemente, traz indícios da própria grandeza da alma humana. Igualmente, é na solidão que a própria condição de introspecção adquire contornos de espiritualidade, impossível de ser alcançada, noutras circunstâncias.

Sentar-se à beira-mar. Observar ao longe o horizonte, ponteado por inúmeras embarcações; sentir a brisa do mar na pele e sorver a energia, que toca o próprio ser vindo do mar. Doce e invejável solidão. Seguramente, fonte de inspiração inesgotável. É como se a própria vida, num contato direto com a natureza, permitisse o deleite da alma, num êxtase arrebatador.

Ao mesmo tempo, em que se apresenta como desesperadora, a solidão apresenta facetas de encantamento inigualáveis. E pode ser que até mesmo a criatividade maior da condição humana só exista a partir da solidão.

A dualidade da solidão e a abstração denominada de Deus

A dualidade dos sentimentos provocados pela solidão é o que faz dela algo que evoca também polêmicas e digressões, em torno de si. É inegável a necessidade do isolamento do artista, para a concepção do trabalho artístico. O que se torna praticamente incompreensível é como um determinado artista que, em certos momentos se isola, para criar e espelhar o esplendor de sua alma, em outros se sente desesperado, diante do isolamento e da ausência do outro. A opção de isolamento exerce um determinante bastante significativo, nessa questão. Mas sempre é importante ressaltar, que a presença do outro, manifestada pela própria ausência, adquire a condição de caracterização da solidão, pelo contato com o outro.

Muitos afirmam ser a solidão uma das principais manifestações de Deus, na alma humana. E, se de fato, essa manifestação se dá pelo isolamento e sofrimento, a própria forma como as pessoas vivem o isolamento, seguramente, será determinante da maneira como essa deificação se manifesta. Definir determinadas concepções artísticas como manifestações divinas, realizadas através do ser humano, ou ao contrário, manifestações humanas em que a presença de Deus é a tônica maior, é apenas mera e vã digressão filosófica. Pois a existência da manifestação divina se concretiza a partir da realização humana, pela presença humana nessas realizações. E até podem evocar essa abstração de nome Deus, para justificar a grandiosidade de muitas obras, que ainda assim serão apenas realizações humanas.

Buber[69] coloca que na relação Eu-Tu, determinante de todas as formas de relacionamento humano, sempre está presente a figura de um Tu supremo, manifestado na presença de Deus, na existência humana. Esse tu estaria, então, presente no relacionamento do homem com todas as coisas e manifestações divinas. Essa explicação justifica Deus em tudo que é realização humana. Ao mesmo tempo em que torna tudo insignificante, pois nos deixa à mercê de algo, criado pela imaginação humana, essa abstração denominada de Deus.

[69] Buber, M. *Eu-Tu*. São Paulo: Editora Moraes e Cortez, 1977.

Solidão e angústia

Muitas pessoas, no afã de explicar a angústia dos tempos atuais, recorrem a todos os tipos de matizes. Assim, desde explicação de que vivemos uma transição planetária, até a maneira como o ser humano contemporâneo decide, pela sua própria vida, tudo é colocado nesse rol, para se explicar a devastação provocada pela angústia, na atualidade. A solidão para os religiosos será a manifestação divina, para superação dessa angústia. Vivemos a era da angústia, ou a era da solidão, não importa. O fato é que a realidade contemporânea está exigindo, cada vez com mais intensidade, que o ser humano supere seus desatinos, encontrados ao longo da vida.

Ao avançar sobre esses escritos de solidão, a certeza maior é que ela, ao ser descrita como algo, meramente, filosófico, se torna distante daquele espectro desesperador, que ceifa inúmeras vidas, impiedosamente. É como se estivesse a martelar nos teclados do computador questionamentos, ponteamentos e digressões sobre aspectos filosóficos, mas, de fato, estivesse numa distância abismosa daqueles que, no clamor do desespero, recorrem, inclusive ao suicídio, como alívio para a solidão.

Reflito, se essa distância, que sinto separar os meus escritos e reflexões sobre a solidão, e o desespero vivido por inúmeras pessoas, não deriva da minha condição privilegiada de opção pelo isolamento. E ter como cenário, o esplendor da Serra da Cantareira em alguns momentos, e o mar e o céu azul transbordando verão, em outros. Esse isolamento opcional com esse cenário onírico, faz disso tudo uma situação definida como solidão criativa. Mas ainda assim, distante do que se pode conceber e viver como solidão.

Questiono então, se é pelo fato de querer definir, num ensaio, meramente reflexivo, uma temática que abarca a todos, indistintamente, provocando os mais variados sentimentos nas mais diferentes pessoas. Uma temática que embora instigante e presente na totalidade dos seres humanos, é tabu de tal forma, que nem mesmo a psicologia ousa se aproximar dela, com mais detalhamentos.

Nada concluo.

Sinto apenas, clara e convictamente, que a minha própria solidão, vivida de formas tão diferentes do momento em que me encontro, escrevendo sobre ela. As diferentes reflexões expostas nesse livro sobre a solidão, também será distante de cada leitor e de seu enfrentamento e sofrimento, diante dela.

É real, o fato de que pesquisamos, estudamos e escrevemos sobre temáticas, que se mostram imbricadas em nossa própria vida. É dizer, que, tanto a mim que escrevo, como a quem lê esse texto, a solidão é mistério indecifrável, cujo mistério está a exigir determinantes maiores para sua compreensão.

O que seria, então, a solidão sólida, criativa, desesperadora, cálida ou qualquer outra forma adquirida, que não um enfeixamento de enredamento e conceituações, inatingíveis pela razão?! Seria algo diferente da angústia, que, embora vivida por um sem número de pessoas, de maneiras igualmente diferentes, é conceituada e definida pelas mais diferentes escolas filosófica?! Ou, ainda, diferente da própria loucura, que embora apresente inúmeras manifestações, tem sobre si um número incontável de teorias a explicar os desencadeantes de sua ocorrência?! Talvez, essas mesmas temáticas, assim como ocorre com a solidão, sejam meramente explicadas, a partir da ótica de cada autor. E distem de forma igualmente abismosa, da vivência propriamente dita. Nesse caso, a epistemologia adotada na investigação determina a diferença, pois o saber adquirido, é obtido sem uma simples reflexão sequer, sobre que áreas do conhecimento derivam esse mesmo saber.

A investigação filosófica, assim como a psiquiátrica, psicológica, psicanalítica, etc., observam fatos apreendidos, a partir da percepção do investigador, o que, por si, já estabelece grande diferença, daquilo que foi vivido, com o que, posteriormente, é descrito. A questão da digressão sobre a solidão, descrita e a vivida, não há como ser respondida, mas apenas se justapõem os parâmetros de sua falta de clareza e objetiva.

Escrevo com a música de Rachmaninov, ao fundo, e com o vinho companheiro ao alcance do paladar, um doce enquadre de solidão. Diferente de momentos em que ela era dilacerante. E, explicar essa dualidade exige um contorcionismo sequer definível. Os dois momentos são de solidão, mas um é extremo prazer, deliciosamente vivido. O outro, angustiante e sequer tangível até mesmo para ser rememorado. Nesse sentido, o saber adquirido mostra sinais de uma evidência vivida e que, portanto, dista da investigação propriamente, definida como científica.

O saber estaria, então, reduzido ao confronto de uma experiência, bastante diversa daquilo que é preconizado nas lides acadêmicas, em que a investigação é soberana, até mesmo diante da pulsação vital dos sentimentos.

O lugar do saber na sociedade não é o próprio saber e, sim, as configurações que se realizam ou se sistematizam, a partir de determinadas ocorrências. Não há como esperar valores absolutos, no tocante às vivências dos sentimentos humanos. A própria solidão, por se configurar como algo, que, inclusive, transcende as teorizações, apresenta sinais evidentemente dispersos, em relação ao conhecimento de sua abrangência na alma humana. Solidão, apresentando no bojo da tentativa de sua compreensão fatos meramente conceituais. Não há como se dar à solidão uma mera configuração de mesmice, de repetição contínua de fatos e fenômenos, mas que, no entanto, se tem como barreiras formas e vivências muito além desses mesmos fatos. A solidão escapa de nossa compreensão, sempre que damos a ela um enredo, de dimensões, meramente, conceituais e perceptivas.

Escrever, em princípio, é transmitir conhecimentos a quem lê. Não no caso de um livro sobre solidão, em que não se transmite conhecimento. E, sim, a partilha de uma dúvida inquietante, que dilacera ainda mais o coração, ao se debruçar, detalhadamente sobre ela. É como se fosse um professor de geografia, que tenta ensinar a exuberância do fenômeno da pororoca, quando o Rio Amazonas se encontra com o mar, com toda sua grandiosidade fascinante e indescritível, mostrando aos seus alunos, num ponto do mapa dependurado na sala de aula, o local de sua ocorrência. Ou, então, alguém que tenta descrever o que é o amor, o arrebatamento de uma intensa paixão mas, simplesmente, descreve a ocorrência de determinadas manifestações fisiológicas.

Empobrecer uma determinada ideia ao lançá-la no papel é algo bastante comum e conhecido por todos, que se empreitam no hábito da escrita. No entanto, não conseguir simplesmente, descrever aquilo que se sente é algo que deriva do fato de que muitos sentimentos inerentes à condição humana são simplesmente inefáveis, sendo, portanto, indescritíveis. É como se vivêssemos determinados sentimentos num certo momento e não conseguíssemos descrevê-los no momento seguinte.

Diante dessas reflexões me invade um grande sentimento de que tudo que estou a escrever e refletir sobre solidão é completamente inútil. Como também é inútil tudo que tenta descrever sentimentos e fenômenos pertencentes à condição humana. Essas linhas serão lidas por um sem número de pessoas, que poderão considerá-las sem fundamentação teórica e filosófica, e outros, demasiadamente, teórica. Outros, ainda, irão considerá-las, incrivelmente, ilustrativas. Outros como sendo totalmente obscuras. Sua verdadeira essência, no entanto, será tão abstrata quanto a própria temática que evoca. Da mesma maneira que o contraponto de que nunca a humanidade assistiu a um avanço tecnológico tão fascinante e surpreendente como o ocorrido nos últimos cinquenta anos, ao mesmo tempo em que, cada vez mais, se sabe cada vez menos, sobre a condição humana.

CAPÍTULO 8

Alguns casos clínicos

Nessa parte do trabalho, descreverei alguns casos clínicos, deparados ao longo da minha atividade, cujos relatos foram descritos, a partir dos depoimentos dos pacientes.

Metrô, solidão e dor

Terça-feira

– Quem é você, oh cara?![70] *Ah, já sei, aquela mina*[71]*, a assistente social já falou de você... Está tudo uma barra, cara, da pesada. Puta que pariu! Só isso pra definir essa porra de vida.*

– Ôrra meu, amanhã terei a perna direita amputada. Não é fácil. As coisas já estão fudidas, tudo tá muito difícil. Imagine, então, esse negócio de perna mecânica. É o cacete, Puta que pariu! Estou mesmo fudido.

– Ôrra meu, sabe o que é ser fudido?! Fudido e mal pago. Minha vida é isso: treta, treta[72] *e pancadaria. Sacou, não dá, oh meu, decididamente não dá.*

– Acho que ninguém pode saber dessa vida que levo. Só eu mesmo. É merda demais. Mas, agora, também foi demais. Tê a perna cortada é demais pra cabeça. Puta que pariu!

– Amanhã cedo, oh meu. Amanhã cedo serei um aleijado. Um aleijado. Acho que era melhor não tê nascido. Filho da puta como eu não merece nascê, nem vivê. E amanhã além di tudo ficarei sem a perna direita. É muita sopa no meu azar.

[70] Procurei manter alguns termos de gíria utilizados pelo paciente, visando manter sua estrutura de linguagem e pensamento. Possíveis erros de concordância e até mesmo de termos específicos foram mantidos para preservação das características semânticas do paciente.

[71] Mina é um termo de gíria que significa mulher.

[72] Treta é um termo de gíria que significa confusão.

– Ôrra meu, dá pra imaginá o que é tê perna mecânica?! Não dá pra imaginá alguém de perna mecânica. PUTA QUE PARIU! PUTA QUE PARIU!

– Difícil é pouco pra essa filha da putice que é não podê fazê nada e ficá aguardando as coisas acontecerem, Se ao menos pudesse enrolá um cigarrinho, um bagulhinho[73]*, acho que dava pra aguentá melhor. Tá tudo russo, tudo no maior breu.*

– Ôrra meu, sabe o que é tê uma perna cortada e no lugar um perna mecânica! Uma porra mecânica. Ôrra é foda. Foda, foda com ph, PHODA. Imagina que gracinha, o belezinha andando lá em São Miguel Paulista[74] *de perna mecânica. Vai sê mesmu uma gracinha. Não consigo nem imaginá como vai sê. É melhor mesmo não imaginá, se não a cabeça fode uma vez.*

– Vai sê uma barato então, eu jogando bola nó no time do corinthinha. Vai sê muito engraçado arrastá a perna mecânica pra tentá acompanhá a perna boa. Não dá, não. É muito pra cabeça.

– Da cirúrgia mesmo eu não tenho medo. Que nada, oh meu. O que pode acontecê? Pior que ficá sem perna essa cirurgia não pode sê. E, além do mais, se eu morressi seria bem melhor do que ficá de perna mecânica.

– A enfermeira explicou, outro dia, que essa cirurgia é simples. E que eu não devia tê preocupação. Acho que ela deve tê razão: essa cirurgia devi sê bem simples. O médico deve aparecê no pedaço com um serrote. E, depois que o doente está anestesiado, ele corta o osso e arranca a perna podre fora.

– Acho que deve sê isso. Uma coisa simples.

– O difícil mesmo é ficar sem a perna.

– Fico imaginando o que eles devem fazê com as pernas, braços e outras partes que eles cortam. Já pensei até que eles devem dá essa ossada pra algum criador de cachorro.

– Já imaginou que barato sabê que a sua perna virou ossada pra algum cachorro. Já pensei também que eles devem queimar essa ossada nalgum forno bem grande aqui no hospital. Sei lá o que fazer com a minha perna, o que sei é que vai ser foda andar por aí com uma perna mecânica.

– O resto é resto.

Preocupação com essa cirurgia eu não tenho. A cirurgia vai sê bem cedo. Nessas alturas o doto que va mi operá já devi está afiando o serrote. Hoje de noite vou comê um rango[75] *bem legal. Vai sê o último rango com as duas pernas.*

[73] O paciente se refere a cigarro de maconha.

[74] Bairro da periferia da cidade de São Paulo.

[75] Rango é um termo de gíria que significa comida.

– Ôrra meu, estou alucinado com esse negócio de perna mecânica. Não dá pra suportá, oh meu. Acho que é a pior coisa que podia me acontecê. A ainda tenho que esperá até amanhã cedo para essa porra acabá de uma vez.

– O coração parece que vai saltá pela boca. As vezes tenho a impressão que o sufoco é tão grande que o coração não vai aguentá.

– Ôrra, acho que seria bem melhor morrê do que passá por essas porras de problemas. É foda, oh meu, pode crer que é fodo. Não dá pra você imaginá o que tenho passado nesses dias. Se eu tivesse condições me jogava pela janela e dava um fim nisso tudo. Não dá, oh meu, não dá, é tá vivo sabendo que os teus dias estão contados. Acho que eu já cansei você com esses lamentos, ehim meu. É que você é gente fina. E ficá aqui ouvindo um filho da puta como eu deve ser cansativo. O que eu fico pensando é que si eu mesmo não me aguento como alguém podi aguentá. Você devi ter saco de ouro, heim, oh meu, prá aguentá tanto problema e não quebrá. Se eu fossi fosse já tinha me mandado toma no cu. Mas pode crê, oh meu, falá com você foi legal. Você vai voltar da cirurgia, não é?!

Quarta-Feira, após a cirurgia

– Ôrra meu, não vem pedir pra tê paciência, pois eu queria vê o doutô tê paciência se fosse a perna dele. Tenho dezenove anos e fiquei sem uma perna. E ainda o pessoa vem perguntá se tá tudo bem. Acho que estão tirando sarro da pessoa errada. Estou fuido e mal pago. Eu queria sabê quando o douto vem resolvê esse negócio da perna mecância. Porra, é foda essa espera. Estou tão fudido que já estou me acostumando com a ideia de andar por aí de perna mecânica. Além do mais, não tem outro jeito. Mas que via sê uma gracinha, isso vai. Pensa você, oh cara, passeando no shopping arrastando uma perna mecânica. É emocionante, não é?! Ou então na hora de ir pra cama com uma mina e a tua perna é desmontável. Então vou tê que dizê assim: oh mina, espera um minuto qui eu preciso tirá a perna pra lubrificá. Espera só um pouquinho que não demora. E tem mais, imagina o que vai sê quando eu tiver que dá um trampo[76] na mão grande?! Decididamente não vai dá. Agora eu só que sabê quando o douto vem aqui pra conversá comigo sobre essa porra de perna mecância. Porra, imagina você que a minha velha[77] veio até aqui me visitá e as enfermeiras não me acordaram.

[76] Trampo significa atividade ilegal. Geralmente é referência a atividades que envolvem roubo a pessoas ou estabelecimentos.

[77] Velha significa mãe dentro da linguagem utilizada pelo paciente.

E do jeito que estou só mesmo ela pra me entendê. Saco! E ainda a enfermeira falou que ela voltava na visita de amanhã junto com outras pessoas. Que nada, oh meu, só tenho a velha no mundo. Não tenho mais ninguém pra vir me visitá. É foda, foda, entendeu? É FODA.

Quinta-feira

– Ôrra meu, não dá pra acreditá. O douto cehgou e disse que tiveram que amputá a minha perna na altura do fêmur, muito acima do esperado. E em razão disso não vai sê possível a implantação da perna mecânica. Nem a perna mecância eu vou podê usá. Estão brincando com a minha cabeça. Prometeram pra mim uma perna mecância. E agora vem com esse papo doido. É muita putaria pra minha cabeça. Puta qui pariu! Isso não pode ser verdade.

– Ôrra meu, e agora?! Como vai sê?! Vou ficá por aí pulando que nem o saci-pererê?! Vocês aqui do hospital são unscarniceiros sem vengonha. O que aconteceu? O serrote não estava bem afiado? Vocês deviam tê piedade dos pobres coitados que nem eu.

– Eu quero morrer. MORRER. Entendeu?! MORRER. PUTA QUI PARIU. Porra, respondi como eu vou fazer pra andá?

– E agora como vai sê? É simples. Vou tê qui andá de muletas, Se já era foda i deia de perna mecância, imagina então esse lance de muletas. Não dá, etendeu. Eu vou me matá duma vez pra acabá de vez com essa porra de situação. MORRER. O pior é que estou com muito medo de como será minha vida, andando por aí de muletas. Era insuportável a ideia de perna mecância, imagina essa coisa de muletas. E não adainta rezá pedidno alguma coisa pra Deus. Filho da puta como eu nem o Diabo escuta.

– Ôrra meu, quando eu falo da minha vida as pessoas acham que eu to exagerando. Quando eu falo que é uma barra, pode crer que eu não estou exagerando. Lá em São Miguel Paulista o ponto[78] *é quente. A gente tem que sê ligeirinho pra não dançá. Lá o nego folgou, danço. O negócio lá é bravu. Oh, cara, eu não trabalhava. Vivia de tranbiqui. Vendia fumo*[79]*. Além de toca fitas de carro que a gente tirava na mão grande, mas isso diminuiu. Era caranguejero*[80]*. Entendeu, caranguejero. Fumo eu vendia mesmo pra garanti o consumo. O pior mesmo era*

[78] Ponto significa lugar frequentado habitualmente.

[79] Fumo significa maconha.

[80] Caranguejero significa ladrão de carros ou de acessórios automobilísticos.

o ponto, onde sempre tinha confusão, briga. Às vezes eu não tinha vontade de ir pro pedaço encontrar a turma. Ficava em casa. Daí, dava aquela coisa no peito, de não podê ficá sozinho, de tê que ir ao encontro de alguém. Mas era preferível ir atrás de briga do que ficá em casa com aquela coisa estrangulando o peito.

– Brigava, oh me. Brigava direto. Era um barato. Tinha vezes que o pessoal se reunia lá no ponto, e depois de puxá fumo[81] *e beber umas pinga, saia todo mundo embuça de confusão. As vezes era um barato. As vezes a coisa ficava preta. Onde a gente pintava, pintava confusão junto. Muitas vezes a gente brigava por brigá. Outras vezes pra algum acerto de conta. E sempre com a cabeça cheia de fumo e pinga. Mas o que doía mesmo era coisa que sentia no peito, e que cada vez que fumava ou bebia ficava ainda mais doída.*

– A minha vida era uma violência só. Tinha vezes que metia tanto fumo e pinga na cabeça que não dava pra entendê o que estava acontecendo. Ficava tão doido que não entendia mais nada. Puta qui pariu, tinha vezes que caia onde estava e depois nem lembrava o que tinha acontecido.

– Teve uma vez que a coisa começou a me apertá o peito de um jeito que fumei e bei tudo que tinha direito. Daí esmurrei um cara que tava passando na rua. Se não chegasse outro para apartar tinha matado o filho da puta de tanta porrada. Coitado não deve ter entendido nada. E agora, oh meu,veja a merda que estou. Aleijado e de muletas.

– Ôrra meu, é foda. Era tudo um desespero só. Era só briga e baixaria o tempo todo, todo santo dia. Não dava mais pra suportar. A velha, coitada, vivia sempre na maior aflição me vendo sempre de cara cheia.

– Acho que precisava arrumá uma mina que acalmasse aquela coisa que me estrangulava o peito. Eu não aguentava ficá sozinho em casa. Tinha vezes que a coisa ficava tão insuportável que pegava um ônibus qualquer e saia andando por aí pra me distrair. E eu que sempre achava que isso era frescura de mulher.

– Naquele dia acordei mais desesperado do que nos outros dias. E como sempre comecei a enchê a cra de fumo e pinga. Saí pra rua e nem tchau pra velha eu falei. Naquele dia tava tudo russo dentro de mim. E daí, oh cara, completamente chapado eu fui pro centro da cidade buscando alguma coisa pra fazê. Lembro que dei uma passada lá no ponto pra fazê uns acertos de grana. Estava completamente chapado. No centro tratei logo de ir para a boca e tracei uma neguinha[82]*. E depois*

[81] Fumar cigarro de maconha.

[82] O paciente se refere a ter ido na zona de prostituição onde manteve relações sexuais com uma prostituta.

continuei andando pelo centro e aquela coisa apertando no peito. Era um desespero só. E em cada bar que passava tomava mais pinga. Puta qui pariu, oh cara, puta qui pariu, chegou uma hora quem nem mais sabia o que estava fazendo. Não sabia nem pra onde estava indo.

– E de repente estava lá na estação do metrô. Acha que esperava o trem pra me levar pra puta qui pariu. Quando o trem pintou na estação me joguei na frente dele. Daí, oh cara, foi aquele escândalo com o carinha que dirige a fera tentando brecar e o povo que estava na estação gritando. O trem me arrastou um puta pedação, mas não me matou. Só me aleijou. Devia estar doido da cabeça e daquela coisa que me estrangula o peito, pois se jogar na frente de um trem é coisa de gente louca. E o pior, oh cara, não fui morrê, fui me arrumá essa porra de muletas pro resta da vida. Nem pra me matá eu consegui.

– Porra, podia tentá me matá de outro jeito. Sei lá, podia ter metido uma bala na cabeça, ou quem sabe cortá a jugular. Mas esse lance de se jogá na frente do ter foi demais pra cabeça.

– Ôrra meu,sabe o que é pulá na frente de um de metrô? Porra, é isso, que mais me atazana a ideia, eu não lemb'ra direito o que aconteceu. Que merda! E o pior é que aquela coisa de não aguentá ficar sozinha continua do mesmo jeito. Acho que a melhor coisa que podia tê me acontecido era ter morrido. Tava bom demais morrê e dá sossego pra minha velha. Sabe, cara, eu não estava pensando nessa coisa de morrê, mas pode crer que era a melhor coisa que podia acontecê. Eu tinha esperança de que com a perna mecância ainda poderia dá uns ataque na mão grande nas madamas que circulam lá pela porta do Mappin[83]. Mas de muleta, que nada, oh meu, não vai tê jeito. Puta qui pariu, oh meu, não tem mais jeito mesmo. Só mesmo morrendo. Eu tinha preocupação velha. As ela se acostumou com a morte do meu pai, que era um cara honesto, trabalhador, imagina seu, filho da puta, sem vergonha. Pode crer, oh meu, ela vai se acostumá rapidinha. E eu ainda me livro dessa coisa que me fode o peito.

Algumas considerações sobre o caso

Vimos, anteriormente, a importância do outro, em nossa vida. Com efeito, o outro surge como mediador indispensável do eu consigo mesmo, porquanto sinto vergonha de mim tal como apareço ao outro.

[83] Loja de departamentos que se localizava no centro da cidade de São Paulo.

Dessa forma, a presença do outro se torna iniludível. A vergonha é, por natureza, reconhecimento. Reconheço que sou como o outro me vê. Uma simples observação desse relato mostra a maneira pela qual o paciente se percebe, a partir de como apreende a percepção do outro. Uma existência torturada por possibilidades inerentes à condição humana, suicídio, amputação, desespero, etc., mas estranhas por si à percepção do paciente.

A realidade do corpo revela outros planos de existência, outras dimensões ontológicas. O corpo do outro se apresenta como um episódio das minhas relações com o outro. Primeiro, o outro existe para mim, e depois, num segundo momento, eu o apreendo como corpo. Visto que eu não sou o outro, o corpo do outro se impõe como radicalmente do meu corpo para mim[84]. Originalmente, ele se manifesta a mim como certo coeficiente objetivo de utilidade e de adversidade. Todavia, isso não quer dizer que o corpo do outro deva ser confundido com sua objetividade. Sem dúvida, a objetividade lhe pertence, mas pelo corpo se revela a pura contingência da presença do outro. O corpo do outro é assim a facticidade da transcendência-transcendida, enquanto se refere à minha facticidade. É dizer que nessa interação entre mim e o outro, ainda que se inicie no plano da objetividade, é pela subjetividade que sua presença se torna real em minha vida.

Com a aparição do olhar do outro tenho a revelação do meu *ser objeto*, sou reconhecido pelo outro como corpo. O olhar faz com que se revele para mim a existência do meu corpo como um exterior; minha facticidade é objetivada, meu corpo é alienado[85]. Na timidez, por exemplo, sinto-me embaraçado pela minha realidade corpórea, enquanto ela é para outro, é vista e apreendido pelo outro.

Num depoimento, repleto de violência e desespero, o paciente narra não apenas o inconformismo com sua percepção em relação ao olhar do outro, mas, também, a maneira como terá que se perceber a partir da mudança da sua própria percepção. A existência assim sentida como uma palpitação de uma vida intensa no extremo agudo da objetividade não foi somente o grito metafísico do homem solitário representado pelo filósofo nos limites máximos de sua existência. Mas sim, a voz do

[84] *El Ser Y La Nada. Op. cit.*

[85] Bornheim, G. A. *Sartre – Metafísica e Existencialismo.* São Paulo: Editora Perspectiva, 1984.

homem comum para responder às questões específicas de seu momento desesperador. Momento de traumatismo afetivo, ontológico, de repressão sexual, mas também do transcendente que quanto mais se angustia pela necessidade de bens materiais, mais sofre com a angustia de ser[86]. Perde sua identidade no exercício das funções impostas pela civilização tecnocrata como *homo machine*, robotizando-se dentro de uma nova situação limite. E que pode levá-lo à desesperança pela vida.

O desespero vai circundar não apenas a decisão de se jogar na frente do trem para se livrar da *coisa* que estrangulava o peito, como também diante da perspectiva do uso de muletas.

A perna mecânica apresentava a possibilidade de uma imagem corpórea diante do olhar do outro semelhante ao próprio corpo com as duas pernas. As muletas e consequentemente a perna amputada, presente até pela ausência e até mesmo pela calça amarfanhada, se configura a dimensão do insólito, do irreal perceptivo. E a certeza de que a coisa continuaria a estrangular o peito com a mesma intensidade, agrava ainda mais a dimensão do ato, por si desesperador. A própria violência presente em sua vida se atenua diante da violência do ato de se jogar na frente de um trem de metrô e da consequente amputação.

A ideia romanceada que muitos fazem da solidão, seguramente se desfaz, diante daqueles casos em que o suicídio é buscado como alternativa extremada, diante de seus desatinos.

A solidão é considerada por alguns incautos, como sendo um sentimento inerente às camadas mais privilegiadas da população. É frequente, inclusive, se ouvir argumentos de que pessoas com dificuldades econômicas não têm espaço para a solidão. É dizer que as carências sociais e econômicas determinassem ao carente diversas características de superação.

Dessa maneira, uma pessoa carenciada economicamente não teria necessidades emocionais, conflitos, angústia, solidão, etc. Os desatinos provocados pela precariedade de recursos materiais seriam assim compensados, por um sem número de sofrimentos, que estariam ausentes nessas pessoas. Infelizmente, isso não passa de um mero e simplista discurso ideológico, que coloca as pessoas carentes economicamente num

[86] Xausa, I. A. M. *Psicologia do Sentido de Vida*. Petrópolis Editora Vozes, 1986

rol de contra homens, de algo inumano, e que, portanto, não podem ser compreendidos a partir de conceitos humanos. Afirmar que a situação socioeconômica determina certos sofrimentos e elimina outros, em contraponto com a posição nesse patamar, é no mínimo anular aspectos inerentemente humanos e cuja ocorrência independe da condição social da pessoa. Até mesmo uma simples observação no reino animal mostra a necessidade dos animais, das mais variadas espécies de se manterem em grupo, seja por proteção, necessidade de acasalamento, seja ainda para não correrem determinados riscos impostos pelo isolamento.

Esse caso mostra um paciente em precárias condições econômicas e sociais e que, no entanto, foi levado a uma situação de desespero pela solidão.

A própria conceituação utilizada, para definir o seu sofrimento como uma coisa que estrangulava o peito mostra ou uma dificuldade de aceitação desse enredamento, ou ainda, uma dificuldade de dimensionar a abrangência do sofrimento legado pela solidão. E até a definição *Eu não aguentava ficá sozinho em casa. Tinha vezes que a coisa ficava tão insuportável, que pegava um ônibus qualquer e saía andando por aí, para distrair. E eu sempre achava que isso era coisa de mulher*, mostra a necessidade de redefinição dos parâmetros da solidão para uma real compreensão de seu raio de ação.

Royer e Reinoso[87] colocam que, se para estudar o problema da agressão, e a violência que traz implícita, nos colocamos numa perspectiva que a enfoque, como atividade humana, como experiência vital, como situação que se dá entre sujeitos humanos inter-relacionados, e não como um elemento que pertence à essência humana; se a enfocamos como uma forma de existir, como uma forma de organizar a experiência, temos que examinar mais detidamente seu projeto, que sua essência, sua direção mais do que sua origem.

A violência traz em si resquícios da própria conceituação e construção de agressão e repressão no sentido real de sua abrangência filosófica. É considerar um determinado projeto existencial como parte de um decurso, e não como causa subjetiva que produz um efeito objetivo.

Estudar o significado de uma conduta tomando o vetor prospectivo como primordial, e situar os atos como momentos significativos de um

[87] Royer, G.; Reinoso, G. *Violência e Agressão ou Violência e Repressão* in Langer, M., *A Psicanálise e Suas Instituições*, Petrópolis: Editora Vozes, 1973.

decurso também significativo. O que não quer dizer dar um salto sobre, mas pelo contrário, inseri-lo no decurso da história[88].

A violência é conflitiva com aspectos de elevação e deificação muitas vezes impostos ao longo da vida, através de reflexões e até mesmo de práticas doutrinárias. A violência não existe apenas no campo do imaginário, assim como propostas libertárias, obtidas nas práticas doutrinárias. Negá-las ou até mesmo tentar inseri-la no contexto do imaginário é mera e vã tentativa de abstração da própria realidade da concretude dos fenômenos que ela abarca.

A noção de conflito pode nos ajudar a entender os fatos. Sendo o sintoma uma tentativa de resolvê-lo. O sintoma é uma forma de organizar a experiência, um projeto de vida, ainda que este seja o de detê-la, evitá-la ou mesmo aniquilá-la como na psicose ou no suicídio. O trabalho analítico consiste justamente em desentranhar seu significado. Mesmo quando a posição teórica e técnica for a de buscar seu significado numa perspectiva histórico-genética, o que se elucida é a maneira pela qual a vida atual e, enquanto não se rompe o círculo, o futuro se organizam e se planificam[89].

Quando nos colocamos numa explicação, puramente causal, presente somente no passado, ou na biologia, estamos confundidos com o paciente, negamos o aspecto prospectivo a seu conflito e o determinamos fora do tempo. Estamos, sim, interpretando um importante significado da conduta neurótica, a falta de perspectiva temporal, a tentativa mágica e onipotente de negá-la. Mas perdemos de vista que a conduta se desenvolve no tempo e que mesmo sendo projeto de paralisação, repetição, de não mudança, nem por isso é menos projeto[90].

O projeto do paciente era o de se atirar na frente do trem e eliminar a *coisa* que estrangulava o peito. Questionamentos sobre outras possibilidades existenciais de alívio para o seu sofrimento foram negados e até mesmo cerceados de sua existência. A vida não apresentava outra realidade que não a concretude da violência. Violência que se enfeixa na própria violência e se manifesta de várias maneiras: violência suicida, culposa, de desumanização etc.

[88] *Ibidem. Op. cit.*

[89] *Ibidem. Op. cit.*

[90] *Ibidem. Op. cit.*

A violência de vida do paciente praticamente atingia a totalidade de seu ser. A realidade de seu cotidiano envolvida numa abrangência em que as diversas facetas da violência se alternavam de maneira sincronizada. A violência era a totalidade de sua realidade. Sua realidade era apenas e tão somente a violência. Não havia como separar, ainda que numa tênue linha divisória, onde se iniciava a violência ou até mesmo onde pudesse haver uma separação dessa na sua própria existência.

A violência seja ela dirigida ao outro como liberdade para aniquilar sua liberdade, ou como instrumento de autodestruição, etc., é em todos os casos um reconhecimento da liberdade e da negação, recíproca ou unívoca, da liberdade por intermédio da inércia da exterioridade[91].

A violência na vida do paciente era a própria razão de sua existência. A maneira como resolvia determinados conflitos e até mesmo a forma como se direcionava no mundo. A vida tinha como parâmetros limites alcançados a partir da violência. A violência era definida a partir de dela mesma numa confluência com a própria fluidez dos fatos. A tensão presente em seu depoimento é a tensão da violência que angustia, dilacera e estonteia. É como se a violência existente diante da nossa percepção passasse a existir na nossa realidade.

Merleau-Ponty[92] coloca que é nossa fé perceptiva que dá concretude aos fenômenos apreendidos pela consciência. A violência existente na vida do paciente, ao contrário, ganha contornos inatingíveis até mesmo pela consciência exarcebada dos fatos. Violência misturada à própria violência resultando num contraponto sem dimensão de violência.

A violência existe independentemente de nossa capacidade de avaliar e até mesmo de conceituá-la. Existe para se tornar dimensão do irreal nas manifestações destrutivas da percepção objetiva dos fatos.

A violência de seu depoimento ao narrar sua trajetória pós-cirúrgica transcende até mesmo a sua própria violência. O contraponto que faz afirmando que terá que lubrificar a perna antes de alguma relação sexual se torna inócuo diante da constatação de que sequer a perna mecânica será viável devido à altura em que foi realizada a amputação. Até mesmo uma compreensão dos diferentes níveis de violência transmitidos em seu discurso indica um distanciamento dos fatos apreendidos pela percepção.

91 Laing, R. D.; Cooper, D. *Razão e Violência*. Petrópolis: Editora Vozes, 1976.

92 Merleau-Ponty, M., *O Visível e o Invisível*. São Paulo: Editora Perspectiva, 1983.

Nesse contexto de violência é importante ressaltar que a própria escolha de suicídio, se atirando de encontro a um trem de metrô, numa estação repleta de pessoas, mostra uma articulação, que procura dar uma conotação ainda mais drástica ao ato em si. O suicídio, como vimos anteriormente, é um ato sempre revestido de muita violência. E até mesmo quando o ato é fulminante e a princípio sem qualquer sinal aparente de dor física, ainda assim a violência é eminente, transcendendo toda e qualquer conceituação[93]. Dessa maneira, ao determinar a escolha para o instrumento a ser utilizado ou para o local onde o ato do suicídio será efetivado, existe uma propulsão deliberada no sentido de agredir de forma ainda mais violenta as pessoas que direta ou indiretamente participem desse ato.

Uma pessoa que comete o suicídio se enforcando e deixando o corpo numa situação estratégica para ser encontrado abruptamente por familiares e amigos, ou ainda uma pessoa que ateia fogo ao próprio corpo, seguramente está delineando uma agressão ao outro de forma a tornar o ato ainda mais violento. Uma pessoa que busca a morte, por outro lado, dirigindo seu automóvel em alta velocidade e o atirando de encontro a uma barreira fatal está mesclando o suicídio com uma possível interpretação que poderá considerar o acidente como falha mecânica, imperícia do motorista, condições adversas – climáticas, recapagem da rodovia, trajetória obstruída por outro veículo, etc. –, e certamente atenuará o impacto da violência provocado pela morte através do suicídio.

Jogar-se na frente de um trem do metrô é a própria violência, agredindo com violência os resquícios gerados no seio da destrutividade. As razões determinantes da escolha do objeto de morte é, na quase totalidade das vezes, algo a partir do qual a própria estruturação de vida e de morte se escoram. A solidão, o isolamento de outras pessoas, levou o paciente a buscar a morte num local onde havia um aglomerado de pessoas.

E embora não houvesse nenhuma possibilidade do estabelecimento de uma relação subjetiva, e sim uma simples exterioridade, a procura de um local onde houvesse um grupo de pessoas para presenciar, até

[93] *Suicídio. Uma Alternativa à Vida. Fragmentos de Psicoterapia Existencial. Op. cit.*

mesmo o socorrer, como de fato ocorreu, seu ato é indício da busca do outro, ausente nos diversos momentos de sua vida, mas que estaria representado no momento de sua morte por aquele grupo de pessoas elencados aleatoriamente.

O outro ausente estava presente naquela plateia que delirava e certamente se angustiava com a violência de seu ato. Gritava com seu gesto que necessitava do outro, que estava desesperado com a ausência do outro em sua vida. O outro estaria presente, nesse momento de agonia, estaria ali para presenciar os estragos e sequelas emocionais que sua ausência havia provocado. Também testemunharia o teor da violência buscada para exprimir a totalidade de seu sofrimento. De nada adiantaria o outro argumentar, naqueles momentos, que a vida valia a pena ser vivida. Sua ausência já havia provocado muitos estragos, para que qualquer tentativa que pudesse demovê-lo de sua intenção pudesse surtir efeito.

Existia a ausência de algumas pessoas significativas, mas que certamente se fariam presentes, quando do conhecimento do seu ato. O outro presente, naquele momento, certamente testemunharia seu desespero e a forma requintada de destruição. O outro participaria aos amigos e parentes a magnitude daquele momento. Não morreria sozinho, nem tampouco tentaria suicídio de outra forma em que o outro estivesse ausente. Sofria com a ausência do outro, e não seria no momento da morte que iria permitir que o outro continuasse ausente. A indiferença da ausência seria transformada em preocupação, espanto e desespero. Cada pessoa presente naquele ato simbolizaria cada marca existencial determinada pela ausência do outro.

A solidão gritava em suas entranhas. Pedia clemência e se desesperava, continuamente com a necessidade imposta pela ausência do outro. Não podia aliviar a dor da *coisa* que estrangulava o peito. Jogar-se na frente do trem havia sido o remédio idealizado como bálsamo para cicatrizar suas chagas existenciais. Nada mais será possível que não tentar arrancar do peito aquela *coisa*. A vida não mais suportava a convivência com a dor provocada por aquela *coisa*. Assim, nada mais restava que não procurar alívio para a ausência do outro. Buscou o outro. Encontrou uma solidão ainda mais abismosa representada pela amputação.

Solidão.

Simplesmente solidão.

Cenas de motel

Felipe e Arlete estão num motel. Ela se sente perdida no tempo e no espaço. Mistura mágoa e arrependimento por estar naquela cama com Felipe.

O olhar de Arlete está perdido no vazio, pensamento solto no ar.

Felipe se aproxima e tenta abraçá-la. Arlete se desvencilha de forma intempestiva.

– *O que foi?!*

– *Nada...*

– *O que aconteceu?!*

– *Não aconteceu nada. Apenas não quero mais nada, entendeu?! Nada...*-

Arlete se levanta e caminha em direção ao banheiro. Enoja-se ao sentir o esperma de Felipe escorrendo de seu interior.

Abre o chuveiro e lava a vagina como alguém que acredita tirar a mácula do pecado original pelo batismo.

Relembra a noite anterior. Um turbilhão de confusão emaranha seu pensamento. E se pergunta como havia sido possível trepar com aquele cara. Sim, trepar, esse era o termo que aquela transação merecia.

A água corre pelo seu corpo, deslizando de forma ingênua. Cada parte do corpo que toca com o sabonete apaga as marcas deixadas pelo toque de Felipe. E, novamente, se pergunta o que estava fazendo, naquele motel. Como havia sido possível trepar sem vomitar.

O banho foi bastante demorado. E ao se enxugar deslizou a toalha com tamanha lentidão pelo corpo, harmonizando os movimentos numa sincronia perfeita.

Ao retornar ao quarto encontra Felipe olhando o vazio. Arlete, que protegia a nudez com a toalha, se veste sem lhe dirigir a palavra.

Felipe volta a insistir:

– *E então, está tudo bem?!*

– *Quero ir embora...*

– *Já sei... Só que preciso me vestir...*

– *Então, vê se não demora tá?!*

– *Tá legal, tá legal... Só queria entender a cabeça das mulheres de hoje... Transam a gente numa boa, e depois levantam com a maior ressaca moral... Não dá para entender. E se você ainda insiste em saber o que está acontecendo, ainda é chamado de estúpido, de cafajeste.*

Arlete nada responde. Senta-se na saleta e aguarda. Tem a cabeça girando, numa grande confusão. Sim, ressaca moral, era exatamente isso que estava sentindo. Não devido a tabus sexuais ou escrúpulos morais, mas por estar ali com aquele cara que lhe dizia absolutamente nada. Alguém que não despertava o menor tesão.

Ressaca moral. Ressaca de alma. Mas não da moral burguesa a que Felipe se referia. E sim, do amor, da verdade.

Pensa repetidamente na trepada com Felipe, havia sido a relação sexual mais inócua de sua vida. Lembra também do momento em que ele pediu que ela praticasse felação. Recusou. Sentiu-se enojada e não arredou posicionamento. Não pelo fato de condenar a felação, ao contrário, mas não com o Felipe, alguém desconhecido e a quem não amava. Considerava felação a mais íntima das intimidades que envolvem duas pessoas, uma prática em que o verdadeiro sabor da pessoa era sentido. Algo para ser vivido com alguém que se tivesse afinidade de corpo e alma.

Ao ser penetrada por Felipe sentiu o amargor de sua solidão, estava sendo virilmente penetrada, mas sua alma se sentia vazia.

Era como uma dessas mulheres de plástico, infláveis que são vendidas nas *sex shops* e que algumas pessoas compram para ter a ilusão do prazer.

Felipe havia urrado se esfregado e se melado na hora do gozo, mas ela sequer sentiu prazer. Sua vagina se mantivera tão seca como se estivesse a léguas de distância de qualquer ato sexual.

Felipe terminou de se vestir e, em silêncio, os dois caminharam até o carro. Ele ligou o rádio para abafar o insuportável som daquele silêncio.

Na portaria, ao pagar a conta, recebem de brindes dois chocolates em forma de coração. Arlete levou o chocolate à boca mastigando ironicamente aquele símbolo de amor. Quando mordeu o chocolate, o licor do recheio umedeceu-lhe os lábios.

Riu, o chocolate havia gozado em sua boca.

Durante o trajeto não trocaram palavras. A situação era tão insuportável quanto incompreensível para Felipe.

– E então, a gente volta a se ver?!

– Quem sabe...

E desapareceu de Felipe adentrando o prédio como se estivesse a correr de algum ladrão. Nem perguntou ao porteiro, como fazia habitualmente, se havia correspondência.

Algumas considerações sobre o caso

Este caso ao invés de se chamar *Cenas de Motel* poderia muito bem ser denominado de *Episódio Cotidiano de Fuga da Solidão*, ou ainda *História Já Vivida Por Muitos Solitários*, ou quem sabe, *História de Final Conhecido.*

O número de pessoas que já viveu situações semelhantes a este caso seguramente é incontável. Tal fato se deve principalmente à derivação de se procurar como atenuante para a ausência do outro alguém que dimensiona esse relacionamento a partir de uma relação sexual. É frequente as pessoas irem ao encontro da figura do outro e se depararem com pessoas que personificam essa presença através de encontro que envolve um relacionamento sexual.

Vimos anteriormente[94] que a busca do outro através de ato sexual envolve muitas outras coisas além da mera excitação física. Assim, se relacionar com o outro exige uma dimensão em que o próprio arrebatamento da relação sexual é transcendente diante da necessidade do outro em nossa vida.

Buscar o prazer, recriar situações em que o prazer se mistura com carências emocionais é dar um sentido para a vida além das teorizações existentes sobre sexualidade humana, e também sobre o amor. O prazer de estreitar um corpo nos braços é para o ser humano a mais sublime das realizações. O que nos torna definitivamente humanos é nossa capacidade de dar ao ato de amor uma configuração de transcendência física e até mesmo espiritual. Entregar-se ao prazer, buscar no prazer a essência da própria vida. Viver intensamente o prazer que deriva de uma relação em que se tem importância e significado para alguém. Em que o outro é importante e se faz presente de forma corpórea.

Orgasmar, transcender os limites físicos da dimensão corporal. Sentir a vida pulsando no corpo do outro, e sentir a própria pulsação nesse pulsar. Viver a plenitude de uma penetração e se sentir parte do outro, como sendo o outro.

Corpos que se fundem e se tornam únicos em essência. Olhar o olhar do outro e se sentir desejado. Sentir na pele o contato de outra pele. Sentir o cheiro do outro e misturar esse cheiro com o próprio cheiro.

[94] Ver capítulo *Solidão. Configuração Real da Ausência do Outro.*

Render-se suavemente ao toque de uma carícia. Tocar e acariciar partes que se tocam e se complementam. Sentir o enrijecimento do pênis em toda sua intumescência. Sorver o gosto do outro assim como um degustador aprecia um vinho fino. Sentir a textura do outro na delicadeza das pontas dos dedos.

A relação vivida por Felipe e Arlete, ao contrário do que foi descrito acima, se não foi um ato de desamor, também não foi um ato de amor, de entrega total aos desígnios do prazer. Um ato em que o sentimento predominante era o de coisificação, de alguém que havia servido ao outro para alívio de suas tensões[95], mas que não havia de fato, sido amada e até mesmo desejada que não nessa dimensão egoísta em que a penas o próprio desejo é considerado. Arlete se recusava a chamar a vivência que havia tido com Felipe de ato de amor ou até mesmo ato sexual. Preferia denominá-la como sendo uma trepada, definição que por si define o amargor de sua vivência e a maneira coisificante como a relação havia se cristalizado em seu ser.

Definir um ato sexual como trepada dá uma configuração animalesca e até mesmo dantesca ao ato. O seu próprio depoimento deixa claro que ela define o ato com o Felipe como trepada para diferenciar de outros relacionamentos e envolvimentos possíveis de ocorrência na sua própria existência.

Trepar era mais do que se sentir usada, espuída, execrada. Era se sentir coisa, trepadeira, algo desumano, incolor. O sentimento que experimentava por haver escolhido Felipe como parceiro sexual estava a levando para sentimentos depreciativos de estima e rejeição. É como se esse relacionamento pudesse levá-la ao encontro de uma condição que ela mesma recusava em aceitar.

Buscar alívio para a solidão indo ao encontro de uma relação sexual desprovida de sentido apresenta em si o mesmo dimensionamento de alguém que para se livrar da solidão vai ao encontro de conglomerados de pessoas. Evidentemente nada encontra, pois o contato em termos de

[95] Existem autores que afirmam que uma das funções do sexo na vida humana é de propiciar alívio de tensões., sendo considerado uma de suas funções mais visíveis. Apenas enfatizamos essa colocação em nossa análise para mostrarmos o desprezo pela necessidade de outro, quando essa necessidade de alívio de tensões se torna a única razão para a existência de um ato sexual. Assim o outro é coisificado se tornando apenas objeto numa relação coisificante.

relações objetivas aumenta ainda mais o tédio existência, por si dilacerante, e que necessita de relações subjetivas.

A solidão de Arlete fazia com que ela se sentisse desamada, rejeitada, sem significado existencial para o outro. O relacionamento com Felipe o invés de aliviar o peso desse sofrimento, ao contrário, agrava ainda mais sua dor por escancarar sua realidade de forma tão crua. O sentimento de autoestima elevada, se sentir bonita, atraente, provocar acalentos masculinos, etc., não eram suficientes para fazer com que um relacionamento pudesse devolver-lhe a sensação de se sentir uma pessoa existente com vida própria.

A constatação do vazio provocado pela relação sexual que vivera era algo que tornava tudo obscuro, irremediavelmente perdido numa perspectiva de resgate da dignidade existencial.

A expectativa é, sem dúvida alguma, a determinante de muitas frustrações ocorridas no seio das relações interpessoais. A expectativa projetada sobre o comportamento de determinadas pessoas faz, inclusive, que por maiores que sejam os desempenhos comportamentais dessas pessoas, ainda assim o resultado seja decepcionante. A expectativa necessariamente não considera limitações, dificuldades e até mesmo o desconhecimento do outro sobre as expectativas sobre o seu comportamento. É bastante frequente a ocorrência de desatinos provocados pelo simples fato de uma expectativa não ser correspondida em sua totalidade, ainda que na abrangência geral de um dado comportamento, o resultado comportamental se aproxime dos parâmetros criados pela expectativa. Assim, num relacionamento sexual podem, muitas vezes, estar envolvidas condutas e expectativas muito além do ato sexual em si.

Relacionamento definidos como tendo atingido tudo aquilo que pode ser englobado numa definição de uma relação sexual satisfatória, ainda assim, muitas vezes, são frustrantes devido ao conjunto de expectativas que se formam em torno de um determinado parceiro. Igualmente é verdadeiro o fato que muitas vezes pessoas envolvidas num relacionamento de anos de convivência apresentem sinais de tédio e acomodação na própria relação. E não é devido a uma decepção causada por grande expectativa acerca do comportamento do outro. E sim, principalmente sobre a falta ou até mesmo a renovação de expectativas de si e do outro. É como esperar que a acomodação determinada pela convivência de anos pudesse se renovar por si diante do ócio provocado pela inércia determinante de uma existência sem expectativas.

Arlete esperava de Felipe uma atitude existencial além de seu desempenho sexual. Esperava que ele pudesse ser companheiro, ou algo além da simples condição de amante. Sentia repulsa por ter sido penetrada por alguém que considerava estranho. No entanto, estava lá vivendo uma relação extremamente íntima, configuração real do distanciamento de si e da perspectiva que tinha da própria vida.

Buscava algo mais do que uma amante viril, alguém que a fizesse se sentir realizada sexualmente. Sua expectativa era de que um relacionamento sexual pudesse libertá-la dos grilhões impostos pelas situações de isolamento existencial em que se encontrava.

Pedia e clamava amor. Amor substancialmente acrescido de um afeto e ternura que não havia encontrado naquele relacionamento sexual. Era como se buscasse a iguaria de um vinho fino num copo de refrigerante. Vivera uma relação íntima, embora recusasse uma intimidade maior representada pela felação.

Recusara a felação argumentando para si que sentir o outro através da felação era por demais invasivo além das circunstâncias vividas. Buscara vinho fino num copo de refrigerante, mas não podia se sentir embriagada com um simples gole de refrigerante. Felação era algo reservado apenas naqueles momentos em que o outro se configurasse como alguém que pudesse suprir-lhe expectativas que transcendessem o relacionamento sexual. Vivera a relação sexual até onde os seus limites existenciais haviam permitido. O torpor que sentira era algo que derivava do conceito existencial que conceituava o substancial necessário para a vivência de um relacionamento sexual. Um relacionamento que tivesse uma fé inquebrantável na essência daquilo que definia como sendo amor. Recusava participar de uma intimidade que trazia no bojo de suas conotações a idealização do companheiro, da vida e do amor.

Relacionamentos ilusórios afetam a experiência física. Um amante secreto fantástico excita o corpo. Esta excitação acarreta uma constante procura de descarga sexual. As sensações são evocadas no corpo por uma imaginária relação sexual com um fantasma, mas é difícil satisfazê-las na realidade. Alguns afirmam experimentar sentimentos mais reais em situações imaginárias que na realidade[96]. Arlete decididamente chegou a

[96] *O Eu e os Outros. Op. cit.*

sentir diante da excitação imaginária de uma relação sexual, que estaria diante de um relacionamento que iria suprir sua carência emocional em diversos níveis. Situações imaginárias podem levar ao sentimento de diversas sensações sem, contudo se aproximar daquilo que a própria realidade apresenta.

Arlete buscou algo insólito diante daquilo que Felipe realmente poderia oferecer. Sua capacidade de amor era bastante maior pela própria expectativa formada em torno da relação. Não havia determinantes que pudessem ser pareadas para que as sensações vividas caminhassem noutra direção. É como se a relação vivida se tornasse autofágica exaurindo todas as demais possibilidades que não fosse a própria autofagia. Sua expectativa era maior do que seria conceber até mesmo por experiências imaginárias que são explicadas por processos, eles próprios duplamente imaginários.

A própria percepção de si faz com que sua orientação propositiva no espaço seja corporal. Nossa orientação corporal no espaço é bastante fundamental embora, na quase maioria das vezes, não lhe damos a devida atenção. Arlete misturou expectativas e perspectivas, mas ignorou o fato de que a emoção aborda o próprio corpo na forma como ele é vivido pela consciência. Buscou na concretude de uma relação sexual realizações criadas no imaginário.

Ao ironizar consigo mesmo o chocolate umedecendo seus lábios numa alusão à felação recusada, alinhava movimentos de enfeixamento da realidade vivida e que na verdade distavam de maneira abismosa do prazer propiciado pelo licor do recheio. Prazer vivido em níveis bastante diferentes daquilo que conceituava como sendo a sensação e até mesmo a própria experiência de uma felação em outras circunstâncias. Encontrara um vazio ao tentar preencher o próprio vazio de sua alma. Vivera uma intensa busca, e encontrara um aspecto ainda mais dilacerante de solidão. Entregara-se de corpo, mas se distanciara da própria subjetividade e do outro. Tentou apagar as marcas do toque de Felipe com o sabonete.

Em ritual batismal tentou tirar do próprio corpo as *máculas* causadas por aquele ato. Lava-se e experimenta através da água deslizando pelo corpo que se não é possível dizimar as sequelas emocionais provocadas por aquele relacionamento, ao menos as marcas físicas, aquilo que era sentido na epiderme, ainda que no plano imaginário, seriam removidas. Enoja-se com o esperma de Felipe escorrendo de seu interior. O esperma naquele momento, mais do que a própria essência masculina significava a maneira coisificante como havia sido usada.

Escorria de seu interior algo que lhe era estranho de alguém que provocava repulsas. E que, no entanto, havia penetrado em seu interior através da penetração vaginal. Evocava questionamento acerca da ausência de vômito durante aquele ato tão aversivo e que lhe causara náuseas. É sabido que o vômito é uma reação orgânica que elimina dejetos que se encontram no organismo e que lhes são estranhos. Ou ainda, alimentos e outras substâncias que provoquem indisposição a esse organismo. Vomitar é uma forma de o organismo se livrar de elementos que não sejam digestíveis ou que provoquem distúrbios em seu próprio funcionamento. Vomitar é uma forma de purificação orgânica, algo próximo a um ritual exorcista diante de agentes externos aversivos. Além do vômito provocado por comida e bebidas em excesso é ainda frequente o vômito provocado por ingestão de substância nocivo-tóxica como também diante de alimentos estragados, em putrefação ou em adiantado estado de decomposição. Também é frequente aqueles casos em que o vômito é provocado por alimentos que, embora não apresentem nenhum indício de deterioração, ainda provocam reações estranhas ao funcionamento normal do organismo.

Vomitar seria para Arlete uma maneira de colocar para fora não algum alimento deteriorado que houvesse sido ingerido, mas de mostrar o quanto aquele relacionamento era aversivo. Também mostraria que aquela penetração havia provocado distúrbios no funcionamento de seu organismo. E assim estaria eliminando através do vômito tudo que houvesse sido deixado por ele dentro dela. Estaria assim mostrando que vomitava diante de algo execrável, em tudo que aquele relacionamento se configurava, e não pela ingestão de alimentos ou bebida deteriorados. Vomitaria em repugnância a sua figura. Vomitaria para mostrar não apenas a Felipe, mas a todos que de alguma forma entrassem naquele recinto, faxineira, camareira etc., o quanto aquele naquele ambiente ocorrera uma situação de extrema aversão e desamor.

É sabido que muitas mulheres em situações agravadas de estresses emocionais ovulam, menstruam e até mesmo desmaiam. A ovulação como desarranjo orgânico, se faz presente até presente até mesmo nos casos de estupros, o que por si justifica o número relativamente grande de mulheres que engravidam nessas situações. Mas Arlete havia escolhido a possibilidade de vomitar, de colocar para fora, junto com toda a repulsa sentida, a configuração substancial de detritos estragados, azedados com o próprio azedume dos seus sentimentos. E exalando o próprio cheiro de coisa podre, estragada. Arlete questionava sobre a ausência do vômito e se direcionava em relação a algo que arbitrariamente procurava e que concretamente inexistia naquele contexto.

Buscava alívio para a solidão. Encontrara uma relação coisificante, estranguladora de sua própria condição existencial.

Solidão.

Simplesmente solidão.

CAPÍTULO 9

Solidão. Enfim...

Palavras iniciais

É esperada que, na parte final de um trabalho, alguma conclusão seja mostrada, ou até mesmo direcionada ainda que enfeixada em determinados balizamentos. As facetas, mostrando o desespero legado pela solidão, por si, fazem que uma interiorização e introspecção desses aspectos transcendam os próprios limites da mera reflexão teórica.

Creio que ao se avançar nas reflexões contidas nesses escritos mais do que esclarecimentos surjam dúvidas, angústia e um sem número de questões que talvez nunca sejam respondidas.

Uma coisa que me surpreendeu sobremaneira foi constatar o número de trabalhos que me usavam como referência bibliográfica após minhas primeiras publicações sobre suicídio, e sequencialmente solidão. Houve inclusive uma dissertação de mestrado, posteriormente transformada em livro[97] em que a autora fez uma derivação das minhas reflexões as inserindo no universo infantil. Embora em nossos escritos sempre façamos referência ao fato de que a existência humana seja um hiato de solidão entre o nascimento e a morte, ainda assim não tínhamos detalhamentos tão específicos sobre sua abrangência no universo infantil. E até mesmo nossa principal publicação envolvendo suicídio infantil[98] não efetivou detalhamentos da solidão em crianças. É dizer que a abrangência da solidão está longe de ser determinada em reflexões e digressões teóricas e filosóficas.

[97] Chitman, K. L. *A Solidão das Crianças*, Rio de Janeiro: Editora Rosa dos Ventos, 1998.

[98] *Suicídio Infantil. Escarro Maior de Uma Sociedade Decadente* in *O Atendimento Infantil Na Ótica Fenomenológico Existencial*, Angerami, V.A., org., São Paulo: Cengage Learning, 2014.

No tocante a solidão na velhice tem inúmeros artigos e trabalhos dos mais diferentes matizes que irão situá-la como sendo desde a grande assassina invisível dos idosos, até como a maior aliada da depressão que consome muitas pessoas dessa faixa etária. É dizer que tal como afirmamos anteriormente a associação da solidão com a velhice é algo pertinente às reflexões contemporâneas. E encontra respaldo nas pesquisas da área da gerontologia que faz com que vários aspectos sobre esse tema sejam trazidos à tona.

Sarti[99] coloca que o fato de a Organização Mundial classificar a solidão como um fator de risco maior para a saúde do que o tabagismo e tão grande quanto a obesidade nos faz refletir sobre o que estamos fazendo com nossa vida que vai envelhecer.

Desse quadro aparentemente controlável da velhice caminham lado a lado os problemas alimentares, o sono irregular, a falta de perspectiva de vida, pouco, e muitas vezes nenhum convívio social até que o silêncio chega permanecendo aquela voz interior que não ecoa mais. E não encontra palavra sequer para dizer que precisa de ajuda, preciso de um sentido para a minha vida, preciso que me ouçam.

Debussy criou o poema sinfônico *Prélude à l'après-midi d'um faune* entre 1892 e 1894 baseada em poema de Stéphane Mallarmé escrito em 1865, e que teve ilustração do pintor impressionista Edouart Manet. O poema conta a história em um clima sensual de um fauno que toca sua flauta nos bosques e fica excitado com a passagem de ninfas e náiades tentando alcançá-las em vão. Então, muito cansado cai em sono profundo e sonha com aquilo que na realidade não havia conseguido alcançar.

Debussy com essa peça dá início à chamada *música moderna* introduzindo um novo período na música clássica com a introdução dos chamados acordes dissonantes que seriam as bases até mesmo de gêneros como jazz, bossa nova, e de toda a modernidade musical. Trata-se de uma peça musical que inicia com um solo solitário da flauta que depois é seguida continuamente pela orquestra com dissonantes e harmonias que revolucionaram a história da música.

Antes de a orquestra iniciar sua harmonização existe uma introdução de arpejos maravilhosos da harpa seguidos pelos instrumentos de

[99] Sarti, C.A. A Velhice Na Família Atual in Acta Paul Enf 14/02 (2001- maio-agosto)

sopro. E daí então, a orquestra segue em contínua sequência num passeio indescritível pela razão, algo que só pode ser apreendido pela emoção. A solidão da flauta é algo muito notório no âmbito de nossa discussão. Ao mesmo tempo em que ela é acompanhada continuamente pela orquestra em nenhum momento a melodia é compartilhada. Debussy criou uma música sem início, meio e fim como a maioria das músicas. É um passeio onírico que nos envolve e nos leva a dimensão de um passeio sem qualquer amarra. Assim como a vida humana, que embora muitos acreditam em atrelá-la a Deus e outras forças é solta em sua própria condição solitária. Algo para ser vivida por si sem qualquer elemento a protegê-la dos desatinos da condição humana, seja solidão, angústia, tédio ou qualquer outro que se queira arrolar. E como a flauta na música de Debussy que embora continuamente acompanhada não tem sua melodia compartilhada, nossa vida também segue solitária, por maior que seja o número de pessoas em nosso entorno e a nos acompanhar.

Conclusões absolutas não temos. Aliás, ninguém, que se debruce sobre essa temática, as terá. Apenas temos uma certeza de que ao se ler reflexões sobre solidão cada pessoa teorizará coisas diferentes a partir do que ela mesma sente em relação a isso.

Viver as diversas possibilidades efetivadas pela solidão é algo que não se tem como balizar de outra maneira que não a própria vivência. E isso é o mais difícil, pois a solidão tem garras e sustentáculos muito poderosos, e que muitas vezes leva à sucumbência um número muito grande de pessoas.

A solidão no reino animal

É sabido que a maioria das espécies animais vive em grupo seja para se defenderem de possíveis predadores, seja ainda para ter a companhia de semelhantes. E em busca de subsídios para essa questão foi a quantidade de publicações acerca da solidão em animais. Animais criados em cativeiros, por pior que seja esse desígnio tem essa situação atenuada ainda que levemente se tiverem a presença de semelhantes. Mas a tristeza do cativeiro vai além da solidão e da companhia de semelhantes. É algo que vai contra a dignidade desses animais que são violentamente arrancados de seus ambientes naturais para servirem de atração para possíveis curiosos. O fotógrafo canadense Gastón Lacombe[100] viajou por nove países de diferentes continentes registrando e denunciando através de suas lentes a solidão e tristeza dos animais em cativeiros. Para ele os animais presos são explorados e apenas contribuem para o enriquecimento dos donos dos parques. Poucos investem no tratamento adequado aos bichos, além de alimentação balanceada e reprodução das mínimas condições de seu habitat. Durante a viagem, o fotógrafo flagrou pássaros vivendo em lugares fechados e sem luz natural, leões em jaulas de cimento e gorilas trancados em casas com árvores pintadas nas paredes, entre muitos outros abusos. Apesar de defender que a grande maioria dos zoológicos deveria ser fechada, Lacombe preferiu não identificar os parques que visitou e fotografou. Ele acredita que o sentimento passado com as imagens dos bichos isolados é que deverá passar a mensagem de seu projeto.

Regan[101], em obra estupenda em que assevera a dignidade da vida animal coloca reflexões importantes sobre a questão. No capítulo em que fala da necessidade de os animais conviverem com semelhantes ele reflete sobre os direitos animais. Então, coloca que os animais não entendem o que são direitos. Nenhum outro animal que não seja humano compreende o que são direitos, o que não significa que por isso não tenham que ter determinados direitos assegurados. E quando se coloca tais direitos, a dignidade de viver entre seus semelhantes, e em seu habitat significa, inclusive, evitar que sofram com o isolamento e solidão.

E o mais surpreendente foi saber que até mesmo aqueles animais domésticos, que muitas vezes são buscados para aplainar a solidão de humanos, também vivem de modo mais saudável se tiverem a presença de semelhantes. Dessa maneira um gato, ou um cachorro, muitas vezes buscado para acalmar a solidão humana viverão de modo mais pleno se tiveram a presença de outros animais. É como se cada espécie tivesse consciência da existência do outro, e necessitasse de sua presença para que as agruras da solidão não dilacerassem as entranhas de seu ser. É dizer que a chamada solidão humana do *filho único* também é sentida em suas agruras pelos animais. E assim como o *filho único* clama pela presença de um irmão temos a realidade animal clamando pela presença de semelhante.

[100] Lacombe, G. <http://www.anda.jor.br/21/05/2014/fotografo-mostra-tristeza-solidao-animais-vivem-zoologicos> Acesso em: 13 de janeiro de 2017.

[101] Regan, T. *Jaulas Vazias*. Porto Alegre: Editora Lugano, 2006.

Uma pedra não tem consciência da existência de outra pedra, vimos anteriormente, mas um animal conhece a existência de semelhante, o outro em sua realidade perceptiva. As brincadeiras de gatos e cachorros entre si atestam plenamente a abrangência dessas afirmações. E considerar essa necessidade certamente é ir ao encontro de se propiciar uma vida mais digna e plena para aqueles que foram escolhidos para aplainar a solidão humana.

Na realidade acadêmica

Muitas vezes em minha atividade acadêmica quando a temática em baila era solidão pedia aos alunos que a definissem operacionalmente. E as conceituações expostas variavam tanto quanto o número de pessoas participantes. Assim, desde definições baseadas muitas vezes em sentimentos pessoais e terapêuticos, até definições mais populares e comuns, tudo que se queira imaginar era conceituado nessas discussões. É dizer que quando adentramos em discussões pormenorizadas envolvendo a temática da solidão é como se as pessoas pudessem conceituar todo o sentimento que as envolvem nessa vivência.

Uma definição foi bastante inusitada, e foi dada por uma mulher de cerca de cinquenta anos de idade. Ela dizia que solidão para ela poderia ser dividida em dois momentos, um quando estava fazendo bolo para seus familiares, e então se isolava para cuidar dos ingredientes em suas misturas. E outro quando estava com a família diante da televisão e percebia que embora todos estivessem assistindo a um mesmo programa cada um estava em seu universo pessoal sem qualquer vínculo com os demais. Cada um vivendo sua própria solidão.

Outra definição igualmente significativa foi dada por um aluno de cerca de sessenta anos de idade, e já aposentado em sua principal atividade profissional. Ele morava em uma cidade da grande Campinas. E dizia que solidão verdadeira ele vivia quando se dirigia de carro a Campinas e num determinado trecho da estrada havia um capinzal muito bonito que em dias de Sol exibia uma exuberância admirável. E diante desse cenário ele sentia o que era solidão, pois não tinha com quem partilhar esse cenário em toda sua intensidade, ainda que tivesse várias pessoas no carro nesses momentos. Era um sentimento tão forte e profundo, e para ele solidão era isso, algo tão pessoal que ninguém pode sequer conceber o que se passa em sua alma.

Esses depoimentos mostram de maneira clara, e podem ser generalizados para outras tantas definições, que a conceituação de solidão é algo tão pessoal e pertinente que as especificidades são apenas compreendidas em sua real dimensão apenas por quem as proferiu. É dizer que a totalidade das reflexões filosóficas não tem como abarcar o que cada um sente diante de sua própria solidão. Ou ainda, que por mais balizadas que sejam esbarram em conceituações pessoais que sequer tangenciam os postulados filosóficos. Mas ainda assim estamos falando de solidão, algo inerente à condição humana e que possui tanta conceituação em seus arcabouços que seria praticamente impossível querer uni-las em compêndio filosófico.

Desde as primeiras publicações sobre os temas de suicídio e de solidão passei a receber convites para inúmeras conferências nos mais diferentes eventos. Além de outros tantos para a participação em bancas examinadoras dos mais diferentes matizes. Banca examinadora, no entanto, é algo que desde muito tempo recuso sistematicamente, o que faz com que esses convites praticamente desapareceram. E levar principalmente a temática da solidão para o âmbito acadêmico foi algo muito interessante do ponto de vista de suas repercussões. O tema de suicídio é envolto em muito preconceito, estigma e mistério, mas ainda assim existe um movimento significativo de publicações e pesquisas sobre o tema. Mas quando se trata de solidão a sensação é que estamos trazendo um tema pessoal da intimidade de cada um para discussão genérica, e por isso mesmo indevida. É como se as pessoas ao se definirem como sendo solitárias não concebessem que outras pessoas igualmente padecessem e sentissem esse mesmo espectro que devassa tantas vidas impunemente.

Existe ainda um aspecto bastante inusitado que aos poucos se tornou inerente a esses seminários. Trata-se da especulação sobre o que irei abordar ao falar de solidão uma vez que é um tema que está distante das preocupações e publicações em psicologia. E principalmente por ser mitificada ao ser abordada nas lides acadêmicas.

O somelier precisa de silêncio, para apreciar a preciosidade das iguarias presentes em um vinho a ser degustado. O barulho perturba a concentração e assusta o espírito envolto nessa atividade de tamanha delicadeza e precisão. Concentração que se aproxima do isolamento presente no musicista ao se dedicar nos estudos de seu instrumento. O poeta a escrever e declamar suas poesias precisa do silêncio que transborda do espírito na elevação de sua criação. A tecelã se concentra em seu tear com o pensamento absorto em sua criação. É o mesmo isolamento e concentração do crente ao realizar suas orações. Formas diferentes de isolamento e de solidão que insistimos em teorizar e refletir em termos acadêmicos e filosóficos. Mas a certeza de que tais reflexões podem ajudar muitas vidas a se livrarem dos tentáculos destrutivos e letais da solidão nos faz continuar nesse caminho de mero sonhador em busca de uma sociedade mais justa e fraterna.

Solidão.

Simplesmente solidão.

Bibliografia

Achté, K. A. *Suicide in Psychiatric Patients in Helsink*. Psychiatria Fennica.

Angerami, V. A. *Existencialismo e Psicoterapia*. São Paulo: Traço Editora, 1984;

_____________. *Psicoterapia Existencial*. Noções Básicas. São Paulo: Cengage Learning, 2013;

_____________. *Breve Reflexão Sobre as Atitudes do Profissional da Saúde Diante da Doença e do Doente* in *Psicossomática e Suas Interfaces. O Processo Silencioso do Adoecimento*. Angerami, V. A. (org.). São Paulo: Cengage Learning, 2013;

_____________. *O Corpo Câncer* in *O Câncer Diante da Psicologia. Uma Visão Interdisciplinar*. Angerami, V. A.; Gaspar, K. C. (orgs). São Paulo: Pearson, 2016;

_____________. *Suicídio. Uma Alternativa à Vida. Fragmentos de Psicoterapia Existencial*. Belo Horizonte: Editora Artesã, 2017.

_____________. *A Psicoterapia Diante Da Drogadicção*. São Paulo: Cengage Learning, 2004.

_____________. *Suicídio Infantil. Escarro Maior De Uma Sociedade Decadente* in *O Atendimento Infantil Na Ótica Fenomenológico Existencial*. Angerami, V. A. (org.). São Paulo: Cengage Learning, 2014.

Beauvoir, S. *Na Força da Idade*. São Paulo: Difusão Europeia do Livro, 1970.

Bornhein. G. A. *Sartre. Metafísica e Existencialismo*. São Paulo: Editora Perspectiva, 1984.

Buber, M. *Eu-Tu*. São Paulo: Editora Moraes e Cortez, 1977.

Charbonneau, E. *Crônica da Solidão*. São Paulo: Editora Pedagógica e Universitária, 1984.

Chitman, K. L. *A Solidão das Crianças*. Rio de Janeiro: Editora Rosa dos Ventos, 1998.

Farberow, N. L. *Research in suicide in 1971-1973*. Psychiatria Fennica.

Freud, S. *Traue und Melancholi*. Londes: Imago, 1964.

Goffman, E. *Manicômios, Prisões e Conventos*. São Paulo: Editora Perspectiva, 1974.

Guillon, C.; Bonniec, Y. *Suicídio. Modo de Usar*. São Paulo: EMW Editores, 1984.

Kalina, E.; Kovladoff, S. *As Cerimônias da Destruição*. Rio de Janeiro: Livraria Francisco Alves, 1983.

Lacombe, G. <http://www.anda.jor.br/21/05/2014/fotografo-mostra-tristeza-solidao-animais-vivem-zoologicos> Acesso em: 13 de janeiro de 2017.

Laing, R. D. *O Eu e os Outros*. Petrópolis: Editora Vozes, 1982.

__________. *Eu Dividido*. Petrópolis: Editora Vozes, 1973.

Laing, R. D.; Cooper, D., *Razão e Violência*. Petrópolis: Editora Vozes, 1973.

Lefebvre, H. *Sociologie de Marx*. Paris: PUF, 1968.

Merleau-Ponty, M. *O visível e o Invisível*. São Paulo: Editora Perspectiva, 1983.

_____________. *Fenomenologia da Percepção*. São Paulo: Editora Martins Fontes, 1999.

Olson, G. R. *Introdução ao Existencialismo*. São Paulo: Editora Brasiliense, 1976.

Regan, T. *Jaulas Vazias*. Porto alegre: Editora Lugano, 2006.

Ringel, E. *The Pré-Suicidal Syndrome*. Psychiatria Fennica.

Ruchardt, J. *Recent Bereavement in Relation To suicide*. J. Psychics.

Sarti, C. A. A Velhice Na Família Atual in Acta Paul Enf 14/01 (2001-maio-agosto).

Sartre, J. P. *El Ser Y La Nada*. Buenos Aires: Editorial Losada, 1981.

________. *O Existencialismo é Um Humanismo*. Lisboa: Editorial Presença, 1970.

________. *Critica de La Razón Dialéctica*. Buenos Aires: Editorial Losada, 1979.

Selye, H. *The Stress of life*. New York: Ed. MacGraw hill, 1956.

Skinner, B. F.; Vaughan, M. E. *Viva Bem a Velhice*. São Paulo: Summus Editorial, 1986.

Souza, P. *Society Cocaína*. São Paulo: Traço Editora, 1982.

Sudnow, D. *Passing-on; The social Organization of Dying*. New Jersey: Englewoode Cliffs, Prentice Hall, 1967.

Tanner, I. J. *Solidão: O medo do Amor*. Rio de Janeiro: Editora Record, 1979.

Torres, C. W.; Guedes, G. W.; Ebert, T. H.; Torres, C. R. *A Morte Como Fator de Desenvolvimento* in Arquivos Brasileiros de Psicologia, Vol. 35 abril/ junho, 1983.

Xausa, I. A. M. *A Psicologia do Sentido da Vida*. Petrópolis: Editora Vozes, 1986.

Royer, G.; Reinoso, G. *Violência e Agressão ou Violência e Repressão* in Langer, M. org. *Questionamos- A Psicanálise e Suas Instituições*. Petrópolis: Editora Vozes, 1973.

Wilde, O. *O Retrato de Dorian Gray*. São Paulo: Círculo do Livro, 1982.

A Regra de São Bento. Rio de Janeiro: Edições Lúmen Christi, 1980.

Cântico do Irmão Sol. Petrópolis: Editora Vozes, 1908.

Posfácio

Odeio escrever...
E muitos me indagarão, “como isso é possível
com tantos escritos e livros?!”
Eu, simplesmente, responderei:
“É um dos meus instrumentos na luta
contra a brutal desigualdade social, que açoita,
violentamente, os combalidos e humilhados”.
diante dessa trincheira da escrita...

Este livro foi composto com tipografia Bembo
e impresso em papel Offset 90g. na Gráfica Del Rey.